JN119187

自由主義経済の真実

自由主義経済の真実

―リュエフとケインズ―

権上康男著

知泉書館

はしがき

「現代」がいつから始まるかは国によって異なる。しかし地域を欧米に、また領域を経済と社会に限るなら、歴史家の多くはその始まりを第一次世界大戦としている。というのも、この大戦の終結とともに、新しい時代の到来を告知するような事象が次々と現れたからである。たとえば国際経済が著しく均衡を欠くようになる。物価や国際収支項目の変動幅が拡大し、変動の頻度も高くなる。組織労働者の要求運動が活発化し、彼らの政治的発言力も高まる。そうした状況を反映して経済も社会も緊張の度合いを増す。国際関係の緊張も外見とは裏腹に一向に解けない。さらに、経済および社会領域への国家の介入もめずらしくなくなる。

本書は二つの問いの上に構想されている。第一に、上述のような第一次世界大戦後に顕著になった政治、経済、社会の変化と、この変化にともなって生じたさまざまな問題を、同時代の経済学者たちはどう分析し、どのような解決法を提示したか。第二に、その過程で経済学自体がどう進化をとげたか、あるいは現代化したか。本書の狙いは、この二つの問いにたいする答えを、二人の経済学の巨人の間で戦わされた論争に求め、自由主義経済の真実に迫ることにある。二人の巨人とは、合理主義と経験主義という、それぞれ異なる文化圏を背景にもつフランスのジャック・リュエフ（一八九六—一九七八年）とジョン・メイナード・ケインズ（一八八三—一九四六年）である。二人が主に活躍した両大戦間期は、社会主義国家とファシズム国家の出現、それに大恐慌の発生によって、自由主義にたいする懐疑が急速に広がった時代である。とくに一九三〇年代になると、社会主義とファシズムが自由主義に代わる現実的な選択肢に浮上し、「自由主義の終焉」、さらには「西欧文明の没落」が現実味を帯びる。自由主義者は少数派となり、公開の場で自由主義を口にすることさえ難しくなる。リュエフとケインズはこうした現実に対峙し、自由主義をめぐる閉塞状況に突破口を開こうとしたのである。

ケインズは経済学に革命を起こした経済学者として広く知られている。彼はまた、第一次世界大戦後のパリ講和会議と第二次世界大戦後のブレトンウッズ会議という二つの歴史的会議にイギリス政府代表として出席したこと、さらにパリ講和会議の直後にこの会議を痛烈に批判したこと、ブレトンウッズ会議では、彼の構想したバンコールと呼ばれる帳簿上の通貨が、新しい国際決済手段の選択肢の一つとしてとりあげられたことでも、よく知られている。このケインズと比べるなら、リュエフの知名度はそれほど高いとは言えない。これには二つの事情が関係していたと考えられる。まず、職業人としてのリュエフは、一時期、パリ大学教授を兼務したものの、一貫してエリート・テクノクラートの道を歩みつづけた。彼が務めた主要な役職は、フランスの官僚のなかの最高のエリートとして知られる財務省資金局長（今日の国庫局長）、フランス銀行副総裁、EECをはじめとする三つの欧州共同体の司法裁判所判事、同所長である。それゆえ、彼の研究活動は本務のために何度も中断を余儀なくされた。次に、リュエフ自身は英語に堪能であったが、彼の生きた時代の政治や文化を反映して、著作物の大半がフランス語で書かれていた。

リュエフとケインズのそれぞれの経済理論と、それにもとづく政策論は相互に真っ向から対立するものであった。ほぼ同じ時代を生きながら、二人は新たに登場した経済的・社会的諸問題に正反対の診断を下し、まったく異なる処方箋を書いたのである。ケインズは古典派から新古典派へとつづく経済学の古典理論と決別し、財政・金融政策によって操舵される管理経済への道を開くが、リュエフの方はあくまでも古典理論の大枠のなかにとどまっていた。とはいえリュエフは単なる保守的な理論家ではなかった。一九三八年にパリで、アメリカ合衆国のコラムニスト、ウォルター・リップマンを迎えて、仏、独系の自由主義者たちを中心に国際シンポジウム（通称、リップマン・シンポジウム）が開催される。このシンポジウムの場で新自由主義（ネオ・リベラリズム）の概念が構築されたが、その際、リュエフは理論面で中心的な役割を果たしている。しかもリュエフは、その後も、この概念をより堅固なものに仕上げることに尽力している。

ただし、ここで言う新自由主義とは今日、人口に膾炙している新自由主義、すなわちアメリカを介して世界に伝播した市場万能主義とも言うべき新自由主義とは性格が異なる。本論を一部先取りして言えば、リュエフたちの新自由主義は大きく二つの命題からなっている。第一に、国家の市場経済への介入は価格メカニズムと両立するタイプのものであるなら均衡財政の範囲内で許されるし、場合によっては望ましい。この命題は「自由主義的介入」と呼ばれる。第二に、近代の市場は、一方の価格メカニズムにもとづく自由な競争と、他方の大衆から発せられる社会的要請との調整を可能にする、法的規制と制度のもとに置かれる。したがって（経済的）自由主義は、本来、一九世紀の素朴な自由主義者たちの言うような「自然の状態」などではない。それは人間の叡智によって注意深く守られるべきものなのである。(1)

このように、リュエフはリップマン・シンポジウムを機に、自由主義を再定義して新自由主義の概念を構築し、ケインズとは異なる方法で市場経済への国家の介入に道を開いた。リュエフとケインズは、互いに正反対のアプローチから経済学を現代化し、それを新しい現実に適応させることによって自由主義経済を再生し、危機に瀕した西欧文明を救おうとしたのである。

リュエフはケインズが没した後も、ケインズ主義が西側諸国で一世を風靡するなかで、ケインズの学説と、その影響をうけた経済政策や経済諸制度を、理論と実証の両面から厳しく批判しつづけた。彼は生前のケインズと経済専門誌上だけでなく公開講演の場でも熱い論争をくり広げたが、ケインズ亡き後も、いわば間接的なかたちで、ケインズと論争をつづけたのである。

リュエフがとりあげた問題には、二〇世紀の、そしてまた二一世紀の今日もなお継続している主要なイッシューの大半が網羅されている。永続的な失業、インフレ、大不況、国際通貨制度、ドル危機、新自由主義、欧州経済統合、など。そこで常に問われていたのは次のような問題群である。自由主義経済とは何か、それにはどのような問題が潜んでいるか、問題を解決するにはどうすればよいか、国や地域においていかなる解決法がいかなる理由で選択されたか、あるいは選択されなかったか。読者は、リュエフがケインズを論敵として展開した透徹した理論と、彼が大勢に抗してとった行動を通じて、自由主義経済をめぐる問題の、善か悪かといった二分法的思考では対応できない、広がりと深さを知ることになろう。そしてまた、今日の経済活動を律している制度やルールの誕生の秘密を知ると同時に、それらが絶対的なものでないことをも学ぶことになろう。

一九七〇年代に入ると、主要な西側諸国において、完全雇用の理論としてのケインズ主義と現実との乖離が鮮明になる。(2) それとともに、ケインズ主義に代わって新自由主義——ただし、ミルトン・フリードマンのマネタリズムをも含む広義の新自由主義——が台頭し、新古典派が支配的な経済学に返り咲く。そして、リュエフが展開した経済・社会理論と親和的な原則が一般に受け入れられるようになる。だが、それとほぼ時期を同じくして経済学研究の中心がアメリカに移り、研究が基本的に英語文献にもとづいて行われるようになる。すると、英語で出版された単著をもたないリュエフは次第に経済学の世界の片隅に追いやられていく。一九九〇年代からは、加速する経済のグローバル化がこの流れをさらに強めた。

本書のいま一つの狙いは、このようにして半ば歴史のなかに埋もれかかったリュエフの経済学に、今日的視点から光を当てることにある。もはやアメリカは絶対的な存在ではなくなり、さまざまな領域で既存の秩序や価値体系が揺らぎ始めている。地球規模における環境破壊問題は目に見えて深刻化し、人類は文明史的問題に直面している。グローバル経済も、その負の側面が看過できないまでに肥大している。こうした状況を背景にして、ケインズと彼以後のアングロサクソン文化圏の経済学者たちによって開発され、磨きをかけられた経済理論の限界が語られるようになる。しかし、だからといって市場経済に代わる経済制度が選択肢として登場する気配はない。

人は今、自らの思考の領域を広げ、より広く自由な議論の場に身を置いて、市場経済を再吟味すべき時期にさしかかっているように思われる。

ところでリュエフの経済学は、一言でいえば非常に厳しい。第二次世界大戦後に彼が発した言説は、ほぼ例外なく、西側諸国の有力なメディアや知識人の高い関心を集めた。しかしそれにもかかわらず、彼はフランスの政策当局者たちによってさえ、一時期を除いて、徹底して無視されつづけた。その原因の一つは、この厳しさにあった。ひるがえって日本を見ると、この国はここ三〇年余り、厳しさに欠ける、いわば緩い政策を選択し、ひたすらダイナミックな成長の復活に望みを託してきた。だが状況に変化は見られない。しかもこの間、各種指標からうかがえるこの国の国際的ポジションは下がりつづけている。それだけに読者は、今日の支配的な経済学とは異なる、独自の経済・社会哲学に足場を置くリュエフの言説と実践活動から学ぶことが少なくないであろう。

筆者が本書の執筆を思い立ったのは二年半前である。その契機は筆者の最初の単著の編集を担当された渡邊勳氏との久しぶりの再会にある。氏は学術出版が出版文化の中核を担っていた往時の情熱をいささかも失っていなかった。その情熱が筆者のなかに燻っていた本書執筆の思いに火をつけたのである。本書の出版にあたり、筆者を知泉書館に紹介してくれたのも渡邊氏である。

本書を上梓するにあたって多く方々のお世話になった。村田春美氏は原稿全体に目を通し、細部にまでわたって、さまざまな助言をしてくれた。須藤功、小島健、石山幸彦、矢後和彦、水野里香、佐藤秀樹、早川大介の諸氏からは、それぞれご自身の専門に近い章に関して有益なコメントをいただいた。ここにお名前をあげた諸氏にはこの場を借りて厚くお礼申し上げたい。

知泉書館社長の小山光夫氏は本書の内容に深い理解を示され、出版を快諾してくれた。氏からは、本書の刊行までにさまざまなご配慮をいただいた。学術図書の出版をめぐる環境が厳しい今日、小山光夫氏と先の渡邊勲氏という素晴らしい出版人に出会えた筆者は、誠に果報者と言わねばならない。両氏には深甚の謝意を表するものである。

二〇二一年四月

権上　康男

註

(1)　欧州起源の新自由主義にこのような特徴があることから、ＥＵ諸国ではこの新自由主義を、ドイツ語に由来する「社会的市場経済」(Soziale Marktwirtschaft, social market economy) という名称で呼んでいる。ただしこの名称には、「自由主義」という文言が抜けているという難点がある。本書、一八〇―八一頁、を参照。

（2）例外的に日本では一九九〇年代までケインズ政策が有効であった。これにはさまざまな要因が関係していたと考えられる。なかでも、住宅や道路、下水道などの社会資本の整備が他の主要諸国に比べて遅れていたという事情が、つまり、キャッチアップに多くの時間が必要だったことが、関係していた可能性がある。日本に新自由主義が紹介されるのが遅れたのもここに原因があったと考えられる。

目次

はしがき……v

序章　リュエフの人物像……三

第一部　新しい経済、社会、政治の問題と経済理論

第一章　第一次世界大戦の経済的帰結とケインズ、リュエフ……一七
第一節　ケインズ……一八
第二節　リュエフ――哲学と為替の研究……二〇

第二章　イギリスにおける「永続的失業」と失業保険制度……三三
第一節　イギリスにおける失業の変動……三四
第二節　「永続的失業」の原因とケインズ……三七
第三章　ドイツ・トランスファー論争……四七
第一節　ジュネーヴにおけるリュエフとケインズ……四八
第二節　リュエフ／ケインズ論争(1)――リュエフのケインズ批判……五二
第三節　リュエフ／ケインズ論争(2)――ケインズの反論……五五
第四章　再建された国際通貨制度とその崩壊過程――ぶれない理論家リュエフ……六二
第一節　金為替本位制……六三
第二節　英仏「金会議」……六七
第三節　一九三〇年代の大不況と国際通貨制度問題……七一

目次

第五章　一般理論にあらざるケインズの『一般理論』……八三
第一節　ケインズ卿の一般理論の誤り……八五
第二節　ケインズ時代の終焉……九六
第六章　第二次世界大戦後のドルと国際通貨制度(1)――継承されるケインズ的アプローチ……一〇三
第一節　ドル・ギャップとインフレ……一〇四
第二節　通貨の交換性回復と金為替本位制……一〇八
第三節　金為替本位制とドル問題……一一六
第七章　第二次世界大戦後のドルと国際通貨制度(2)――孤軍奮闘するリュエフ……一二七
第一節　ドゴール大統領の記者会見……一二八
第二節　超大国に拒否された金価格引上げ構想……一三三
第三節　攻勢に転じたアメリカ、孤立を深めるフランスとリュエフ、深刻化するドル危機……一三八

第四節　残る二つの疑問……一四六

第二部　自由主義の再定義と新自由主義

第八章　一九三八年、パリで産声をあげた新自由主義……一五七
第一節　リップマン・シンポジウム……一五八
第二節　価格メカニズムと両立する公権力の介入形態……一六七
第三節　新自由主義のその後とモンペルラン協会……一七五
第九章　リュエフ『社会秩序』の世界——反インフレの経済社会学……一八四
第一節　「偽りの権利」と「真の権利」……一八六
第二節　金融債権と国家による「偽りの権利」の操作……一八九
第三節　経済学は富の科学ではない……一九二

第十章　欧州経済統合と新自由主義……一九六
第一節　欧州共同市場の構想……一九九
第二節　新自由主義の到達点としての欧州共同市場……二〇七
第十一章　フランスにおける新自由主義的構造改革……二一六
第一節　リュエフ委員会と財政構造改革――フランスの「奇跡」……二一八
第二節　リュエフ／アルマン委員会と経済構造改革……二二七
第三節　信用構造改革構想……二三四
結　び……二四二
史料・文献目録……二五三
人名・事項索引……1～11

自由主義経済の真実

リュエフとケインズ

序章　リュエフの人物像

あまりによく知られているケインズは措くとして、リュエフの人物像を主に彼の自伝(1)に拠って紹介することから始めよう。

ジャック・リュエフは一八九六年八月二三日、パリのユダヤ系医師の家に生まれた。一九一四年七月に第一次世界大戦が勃発する。翌一九一五年四月、名門リセ・シャルルマーニュの一年に在学していたリュエフは、一八歳で戦争に動員される。彼はフォンテーヌブローで士官候補生としての教育・訓練をうけたあと、一九一六年一月に前線に送られる。身分は中尉補（後に中尉に昇進）であった。そしてソンム、ヴェルダンと激戦の地を転戦する。次いで一九一八年七月、リュエフは英語の能力をかわれ、連絡将校としてアメリカからの派遣軍に配属される。以後、彼はアメリカ軍に帯同して北部および東部戦線での対独反攻作戦に参加する。リュエフは大戦期に三度、軍務上の功績により勲章を授与されている。

ヴェルサイユで講和条約が結ばれて間もない一九一九年夏、テクノクラートの養成機関として有名な理工科大学が出征学徒を対象に入学試験を実施した。リュエフはこの試験に合格し、同年秋に同大学に進学する。彼はそこで経済学担当教授クレマン・コルソンと出会い、彼を通じてワルラス、ジェヴォンズ、マーシャルらの新古典派の経済学を知る。リュエフは二年後に理工科大学を卒業し、パリ大学統計研究所教授に就任する（後に政治学院教授に転じる）。次いで一九二三年九月、フランス経済財務省（以下では財務省と略称）に財務検査官として採用される。財務検査官は最高位の財務官僚への登竜門として知られる官職である。リュエフによれば、彼が職業として財務官僚を選択し、同時に経済学担当教授を兼業したのには、二つのことが関係していた。一つは、理工科大学在学中に長年温めていた哲学書『物理諸科学から道徳諸科学へ』を書き上げ、自らの科学方法論を手に入れたことであり、いま一つは、同大学在学中に経済学を知ったことである。

財務官僚を職業として選択した点ではリュエフはケインズと同じである。しかし大学教授を兼ねていた点、および財務官僚としてのキャリアを全うした点ではケインズと異なる。なお、財務官僚時代のリュエフは一九二七―三〇年にジュネーヴの国際連盟事務局、次いで一九三〇―三四年にロンドンのフランス大使館に、それぞれ出向している。しかし、その間も週に一度パリに戻り、大学の講義を休むことはなかったという。

ジュネーヴ時代には、彼は国際連盟の金融委員会の使節として東欧諸国を歴訪している。またロンドン時代の一九三〇年には、ニューヨーク経由で日本および中国（天津、北京）を訪れている。日本訪問は日本政府の招聘によるもので、東京で開催された国際統計研究所の研究集会で失業問題に関する報告を行う一方、日本工業倶楽部で、レイモン・ポワンカレ首相のもとで自身がかかわったフランの安定化に関する講演もしている。日本工業倶楽部で講演の司会を務めたのは金解禁を実施したばかりの大蔵大臣井上準之助であった。井上はリュエフを聴衆に紹介する際に「自分はポワンカレ氏の政策を行なったに過ぎない」[2]と述べたと言う。さらに翌一九三一年一〇月には、首相ピエール・ラヴァルの率いる遣米使節団に財務大臣代理の資格で加わり、ラヴァルとハーバート・フーヴァー大統領の会談に同席している。若きリュエフの意欲的かつ精力的な活動ぶりがうかがえよう。

リュエフは一九三四年末にロンドンから帰任し、財務省資金局（戦後に国庫局と改称）の課長に就任する。次いで一九三五年四月に同局の次長（国際金融担当）、そして人民戦線政権下の一九三六年一一月に同局長に昇進する。資金局は、日本の財務省国際局・理財局、金融庁、経済産業省の権限を併せもつ、フランスで最強の官庁である。リュエフは一九三八年に人民戦線が崩壊局面に入った後もその地位にとどまる。そして対独開戦前夜の一九三九年九月、財務省を辞し、フランス銀行の副総裁に就任する。しかしフランスが対独戦争の緒戦で敗北し、フランス中部のヴィシーに対独協力政権が樹立されると、彼はユダヤ系であることから副総裁職の辞任を余儀なくされ、アルデッシュ県の寒村に引きこもる。第二次世界大戦の終結とともに、彼は国際賠償調査機関の長として公的活動に復帰する。その後、大陸欧州の六カ国によって三つの共同体が創設されると、それらの司法裁判所の判事に就任する。そして一〇年間、ただ独りの経済専門家出身判事として共同市場の運営に携わった。リュエフは一九二九年以来、欧州地域への共同市場の建設を提唱しつづけていたから、司法裁判所判事への就任はあながち不自然なことではなかった。

リュエフの経済財政専門家としての代表的な事績は次のとおりである。一九二八年のフランの安定化に向けた新平価の算定（一九二六年）。外務大臣アリスティード・ブリアンの欧州連邦構想の素案執筆（一九二九年）。大恐慌期フランスにおける通貨ドクトリンの策定（一九三〇—三三年）。人民戦線政権下での波乱と困難に満ちた経済・財政運営（一九三六—三九年）。シャルル・ドゴール政権下でのフランスの財政・経済構造改革、および国際通貨制度の改革提言（一九五八—一九六〇年代末）。

研究者としてのリュエフは、哲学者で、かつフランスを代表する経済学者であった。財務官僚でありながら、彼は経済理論家として講演活動を頻繁に行い、多数の著作（単著、論文、パンフレット、新聞論説）を執筆している。彼の最初の単著は前出の哲学書『物理諸科学から道徳諸科学へ』(3)で、理工科大学卒業の年にパリのアルカン社から出版されている。この書物は一九二九年に英語訳がオックスフォード大学出版とジョンズ・ホプキンス大学出版から出版され、英語圏でも大きな成功を収めた。英語訳にはアメリカの二人の法学者が序文を寄せており、また経済学者サイモン・クズネッツがテクストに目を通し、訳者に助言を与えていた。

リュエフが『物理諸科学から道徳諸科学へ』を着想したのはリセ在学中の一八歳のときで、その契機は非ユークリッド幾何学の存在を知ったことにある。リュエフのこの処女作については、それをエルンスト・マッハ、アンリ・ポワンカレ、ルートヴィヒ・ヴィトゲンシュタインたちの論理実証主義ないしは新実証主義の潮流と関係づけようとする研究者もいる(4)。しかしリュエフ自身は、こうした実証主義哲学の潮流には言及していない。

リュエフに原稿を単著として出版することを奨めたのは師のコルソンである。しかし出版に先立ち、彼は理工科大学の制服である中尉の軍服姿でアンリ・ベルクソンの私邸を訪ね、この碩学の意見を求めている。ベルクソンは原稿を一読すると、「熟した果実は木から落とさねばならない」(5)と言い、出版を奨めた。

経済学の分野におけるリュエフの代表的な著作は『貨幣現象の理論』[6]（一九二七年刊行。以下においては刊行年のみを記す）と、貨幣理論と社会学にまたがる基礎理論の書『社会秩序』[7]（一九四五年）である。後者は二巻本、総頁数七四七の大著で、リュエフのライフワークである。この著作は一九八一年までに版を四回、重ねている。またドイツ語、スペイン語、イタリア語の各言語でも翻訳出版され、ドイツ語訳ではヴィルヘルム・レプケが序文の筆を執っていた。リュエフ最晩年の一九七七年から没後の一九八一年にかけて、六巻からなる『リュエフ著作全集』[8]がパリで刊行されている。この巨大な全集を企画したのはニューヨークのレールマン研究所で、フランス語版と同時に英語版の出版も予定されていた。実際、フランス語版の表紙には英語版が存在するかのように表記されている。しかし英語版が市場に出た形跡はない。[9]

リュエフは一九六五年にフランス・アカデミー会員に推挙される。一九六七年には彼の古稀を記念する論文集『経済システムの哲学的基礎』[10]が刊行される。この論文集には新自由主義者の国際組織、モンペルラン協会の有力会員を中心に、二六人の経済学者および哲学者が寄稿している。たとえば、ヴィルヘルム・レプケ、フリードリヒ・フォン・ハイエク、ルートヴィヒ・エアハルト、ミルトン・フリードマン、ロバート・V・ローザ、オスカー・モルゲンシュタイン、カール・ポパー、モリス・アレなど。このなかにドイツ政界の大立者やアメリカ財務省の元高官が含まれていることに注意しておこう。

一九世紀以来、フランスでは官僚が経済学の分野で活躍した例は必ずしも珍しくないが、リュエフのようにさまざまな分野で第一級の業績をあげた人物は稀である。リュエフの生誕一〇〇年にあたる一九九六年には、彼の功績を顕彰するために、記念シンポジウムの開催[11]、彼の肖像を刻した記念切手および記念硬貨の発行、彼の名を冠した小広場の造営など、一連の記念行事がフランス政府の手で執り行われている。シンポジウムでは、リュエフを知るノーベル経済学賞受賞者ジェームズ・トービンとモーリス・アレ、数年後に同賞を受賞するロバート・A・マンデルの三人が登壇していた。

以上のようにリュエフの経歴も事績も輝かしいものであった。一方、理論家としてのリュエフは、その能力が「ニュートン級」であるとして財務官僚たちの間で畏れられていた。さらに一九六〇年代には、彼はケインズ理論ならびに第二次世界大戦後の国際通貨制度（ブレトンウッズ体制）の厳しい批判者として時の人となり、欧米のメディアに盛んにとりあげられた。ところがフランス国内では、彼は常に少数派にとどまっていた。この国には一七世紀後半のコルベールの時代から保護主義や国家管理主義が深く根づいており、リュエフといえどもこの伝統は容易に突き崩せなかったのである。

リュエフ没後の一九八〇年代半ばから、彼がその端緒を開いた新自由主義的構造改革がフランスで組織的に実施されるようになる。それとともにリュエフ再評価の動きが現れる。上述した一九九六年の記念行事はその代表的な例であるが、それ以外にも大規模なシンポジウムが二度開かれている。一つは一九八五年一月にドゴール研究所が主宰したもので、それには経済学者、元首相・経済閣僚、元経済財務官僚たちが報告者や討論者として参加している[12]。いま一つは、二〇一三年五月にＩＰＡＧ（パリの経営大学院）が主催した経済学者たちのシンポジウムである。リュエフの経済・社会理論と数々の政策提言は、古典として、あるいは経済社会をあるべき軌道に乗せようとした比類のない参考事例として、少なくとも統合欧州、なかでもフランス語圏では時代を超えて生きつづけているのである。

註

（1） Jacques Rueff, *De l'aube au crépuscule. Autobiographie*, *Oeuvres complètes de Jacques Rueff*（abrég. *sufla OCJR*), I, Paris, Plon, 1977.

（2） *Ibid.*, p. 71.

（3） Jacques Rueff, *Des sciences physiques aux sciences morales* , Paris, Alcan, 1922. Repris dans *OCJR*, II-1, Paris, Plon, 1979.

（4） François Bourricaud et Pascal Salin, *Présence de Jacques Rueff*, Paris, 1989, pp.93-99; Christopher S. Chivvis,

The Monetary Conservative. Jacques Rueff and the Twentieth-century Free Market Thought, Northern Illinois University Press, 2010, p.21.

（5）*OCJR*, I, p.29.

（6）Jacques Rueff, *Théorie des phénomènes monétaires. Statique*, Paris, Payot, 1927. Repris dans *OCJR*, II-1, Paris, Plon, 1979.

（7）Jacques Rueff, *L'ordre social*, 2 vols, Paris, Sirey, 1945. Repris dans *OCJR*, IV, Paris, Plon, 1981.

（8）*OCJR*, 6 vols, Paris, Plon, 1977-1981.

（9）英語版が刊行されなかったのは、フランス語版の刊行途中でリュエフが没したことによる可能性が高い。

（10）Jacques Rueff, *Les fondements phylosophiques des systèmes économiques*, Paris, Payot, 1967.

（11）このシンポジウムの報告書は、Commissariat général du Plan, *Jacques Rueff. Leçons pour notre temps* , Paris, Economica, 1997. として出版されている。

（12）このシンポジウムの報告書は、Institut Charles de Gaulle, 1958. *La faillite ou le miracle. Le plan de Gaulle-Rueff* , Paris, Economica, 1986. として出版されている。

第一部　新しい経済、社会、政治の問題と経済理論

調整について（用語の解説）

第一部の表題に挿入されている「調整」（英語で adjustment、仏語で ajustement）という術語は、本書の各所にライトモティーフのように登場する。その意味内容は使われる文脈のなかで若干の違いがあり、なかでも経済学に特有の使われ方はやや分かりにくい。そこで調整とはどういうものかを、リュエフの立論に即して簡単に説明しておこう。

小麦の生産を例にとる。不作で小麦の生産が減少したとしよう。市場への小麦の供給は減少し、小麦の価格は上昇する。すると需要の一部は小麦の高値を嫌い、小麦の代替物へと向かう。代替物の価格は上昇し、それに反応して代替物が増産され、市場へのその供給が増える。こうして小麦の価格は落ち着く。つまり、市場は新たな均衡点を見出し、均衡を回復する。この例から分かるように、生産活動の一部に変化が生じると、この変化は価格の変動を介して市場に存在する他の商品の生産ならびに供給に作用する。その結果、原因となった事象（小麦価格の上昇）が打ち消されるのである。それゆえ市場に生じたショックは比較的短期間で収まる。これが調整と呼ばれる現象であり、その基礎にあるのはサイバネティックスの分野で広く知られているフィードバックのメカニズムである。

小麦の生産が変動する際に価格が果たした役割は、信用の領域では利子率が、また国際経済取引の領域では物価のほかに金の国際移動や為替相場が、それぞれ果たしている。小麦の生産には信用が介在するのが普通であるし、その変動は外国貿易にも影響を与えるから、実際の調整はかなり錯綜している。

ところで、以上の説明はあくまでも不作の程度が一定の範囲内に収まることを前提としている。ひどい不作が何年もつづくような場合には状況は違ってくる。小麦の生産から撤退する農業経営者が増え、大量の農業労働者が失業するからである。仕事を求める失業者の出現は労働市場を圧迫する。賃金水準は下がり、労働者全体の生活水準が押し下げられる。問題は単なる調整では済まなくなり、社会問題、さらには政治問題へと発展する。このように自由な市場経済のもとでは、経済の一部門に生じた危機は価格メカニズムを介して社会の危機、政治の危機を惹き起こすこともある。

自由な市場経済につきものの調整は、時に社会の構成員に耐えがたい苦痛を与える。そこからいくつかの問題や疑問が生じる。市場にすべてを委ねてしまってよいか。公権力が介入し、市場を制御すべきではないのか。そもそも調整なるものは実在するのか、虚構なのではないか。市場経済に由来するとされている問題も、実は、公権力の介入により価格メカニズムが機能不全に陥っていることに原因があるのではないか。リュエフ／ケインズ論争の背景にあったのは、このような一連の問題や疑問であった。ケインズ没後の第二次世界大戦後に、リュエフがドルや国際通貨制度問題をめぐって、アメリカを含む西側諸国の経済・財務当局者と渡り合ったのには、あるいはまた、一九三〇年代末にパリで新自由主義という新しい自由主義の概念が誕生したのにも、同じ問題が深くかかわっていた。市場経済は一見したところ単純に見えても、その内部には複雑で、微妙な問題が潜んでいるのである。

第一章　第一次世界大戦の経済的帰結とケインズ、リュエフ

一九一四年七月に戦端が開かれた第一次世界大戦は、歴史上最初の総力戦となり、交戦諸国全体で七〇〇〇万人の成人男子が兵士として戦場に送られた。戦闘は一九一八年一一月に仏独間で休戦協定が結ばれて終結する。一九一九年一月からパリで講和会議が開かれ、同年六月にヴェルサイユで連合国とドイツの間に講和条約が結ばれる。四年三カ月もの間、間断なくつづいた戦闘により、一〇〇〇万人もの兵士が命を落とした。主戦場となったフランスを例にとれば、戦死者と行方不明者はこの国の男子労働人口の一〇・五パーセントに相当する一三五万人を数えた。これにより、フランスの人口構成は長期にわたり大きく歪められることになる。大戦中に破壊された家屋や工業施設、道路、鉄道、運河、港湾などの社会資本は、いずれも未曾有の規模となった。かくて一九二一年一月に、連合国賠償委員会によって提示されたドイツへの賠償請求額は一三二〇億金マルクという途方もない額となる。

大戦が欧州諸国に与えた衝撃はあまりに大きかった。大戦が終わると、これらの国では政治、社会、経済のあり方はもちろんのこと、それらを支えてきた思想や哲学も根底から問い直されるようになる。リュエフとケインズが経済学の研究に本格的に取り組むのはこの歴史の一大転換点からである。

第一節　ケインズ

ケインズはイギリス財務省の代表としてパリ講和会議に出席し、この歴史的会議の現場に立ち会っていた。会議の過程とその結果に失望した彼は、財務省を辞し、一九二〇年末に名著として知られる『講和の経済的帰結(1)』を出版する。

この著作でケインズは、経済学者の目で大戦を歴史のなかに位置づけて分析している。とくに注目すべきは、彼が大戦の前と後における状況の変化を次のようにとらえていることである。一八七〇年代以降、欧州諸国の経済は市場を介して一体化しており、しかもダイナミズムの起点はかつてのイギリス、フランスから新興工業国ドイツに移っている。景気の回復はドイツで始まり、その影響をうけてイギリスとフランスの経済が回復し、次いでそれに連動して東欧諸国の経済が回復する。それゆえ、ドイツの支払い能力を超える賠償額の請求はドイツの復興を妨げ、他の欧州諸国の戦後復興をも遅らせる。ケインズはこのような独創的な分析を根拠に、伝統的な報復主義にもとづいて会議を主導したフランスの首相ジョルジュ・クレマンソーと、彼に追随した英、米の首脳を厳しく糾弾している。

ケインズはこのあと、よく知られているように一九世紀以来の伝統的な経済学と決別し、新しい経済学の構築に向けて精力的に執筆活動を進める。彼はパリ講和会議の直後から、大戦後の経済問題を扱った斬新な内容の論説を、単行書、雑誌、パンフレットなど、さまざまな媒体を使って次々と発表する。

それらの著作のなかで彼は、「長期ではわれわれはみな死んでしまう」（『貨幣改革論』一九二三年）(2)、経済学者にとっての課題は「政府のなすべきことと、なすべからざることを区別しなおすこと」にある（『自由放任の終焉』一九二六年）(3)などの名言を発しつつ、第一次世界大戦を介して哲学、政治、経済の諸領域でパラダイムが大きく転換したことを、多数の事例の大胆かつ明晰な分析にもとづいて説いた。なかでも経済領域において彼が強く示唆したのは次のような諸点である。為替の安定よりも物価の安定を社会目標に据えるべきであり、経済政策としてはデフレよりもインフレを選択する方が合理的である。それゆえ金本位制を復活させるのは非現実的である。

「現代資本主義の運営技術」の改善、なかでも「中央機関による通貨および信用の慎重な管理」(『自由放任の終焉』)が有用であり、管理通貨制度の導入が不可逆的な流れとなっている。

このように、ケインズは第一次世界大戦前に主要諸国が採用していた金本位制(完全金本位制)の復活を拒み、管理された金本位制(管理通貨制)の採用を支持するなど、叡智にもとづく通貨・信用面からの市場経済の管理が有用であるとする論陣を張った。彼が展開した議論はいずれも、西欧諸国の政策当局者や知識人たちの間に大きな波紋を投じた。

第二節　リュエフ——哲学と為替の研究

リュエフはケインズとは違い、第一次世界大戦について直接的なかたちでは論評していない。しかし、彼が一九二二年に公刊した処女作である単著『自然諸科学から道徳諸科学へ』と論文「為替、自然の現象」からは、彼が大戦についてケインズとは対照的な受け止め方をしていたことが読みとれる。同じくそれらの著作からは、彼が生涯を通じてケインズを論敵と看做した理由もうかがい知ることができる。いずれの著作も、一九二〇年代初頭という時代の制約から必ずしも十分なものとは言えない。とはいえケインズにおける『平和の経済的帰結』や『貨幣改革論』

と同様、この二点の著作にはすでにリュエフの思想ならびに理論の原型とも言えるものが、はっきりと確認できる。そこで、本書の主題とかかわる範囲に限定して、それらの要点を紹介することにしよう。

『自然諸科学から道徳諸科学へ』（一九二二年）

この著作は「科学的説明の性格」をめぐる問題を扱っている。リュエフは、幾何学、理論力学・天体力学、物理学・化学、生物学、等々の物質の諸科学から、心理学、道徳科学、経済学等の人間の諸科学に至るまで、個々の科学を俎上に載せ、科学的説明がどのようになされるかを多くの事例を交えて考察する。そして概略、以下のようなことを確認する。

人間精神による外部世界の認識は、事物の間に見られる、連綿と継続する関係の発見にもとづいている。その関係は「法則」と呼ばれる。科学における「理論」、いわゆる「科学」とは、経験的に確認できるこれらの関係を、「事物の本質」から必然的に生じるものとして、つまり論理必然的なものとして、示そうとするものである。それゆえ、「科学的説明は、観察方法とは無関係に、客観的な存在として自然のなかに実在する諸原因を根拠にしているわけではない。それは学者が創造し選択した公理、公準、および定義などの諸提案なのである」。つまり、「科学的諸理論とは、自然のなかに観察できる因果連関を、われわれの精神が必要とする〔論理的な〕因果連関に置き換えることを可能にする、諸前提《プレミッス》の体系にほかならない(4)」。こうしてリュエフは、科学的説明とは、あるいは科学の構築とは「原因の創造」であると結論づける。

次いでリュエフは、以上のことは物質の科学と人間の科学の区別を問わず、すべての科学に共通していると言う。彼がもっとも多くの頁を割いているのは自らが生涯を捧げることになる政治経済学(以下では、「経済学」と略記)であるが、それも例外ではない。経済学においても、外部世界の観察によって得られる事象を収集し、任意の事象グループに共通する性格を表現する法則として、つまり財貨やサーヴィスの価格および価格の変動に関する法則として定式化する。これらの法則は、浮遊するガスの粒子の間に見られる諸関係と同じように、無数の人々の、日々刻々の行動の間に見られる諸関係以上のものではない。しかし公理や定義を設定することにより、それらの諸関係から需要と供給の法則、独占価格の理論などの論理的な法則、すなわち理論を構築する。このようにして、事物の本性をかたちづくっている存在を、演繹法により、かなり厳密に認識するための理論が生まれる。

もとより経済に法則があるからといって、人が法則の奴隷になるわけではない。人は経済法則を知ることにより「政策」という技術を考案し、この技術を使って、自らが設定した目的を実現できるからである。それは重力があるのに人が飛行機を飛ばせるのと同じである。つまり、数理経済学と政策技術の関係は物理学と航空学の関係と同じである。ちなみに、リュエフはこの著作のなかで、経済学に数学を利用することの有用性をくりかえし力説している。しかも彼は、それだけでは満足せず、レオン・ワルラスによる定義を借用して、経済理論を二三頁にもわたって数式で展開している。

ところで、科学における理論は諸原因の純粋に知的な発見物であって、真実そのものを映したものではないから、事物の真の性質に照らして「正しい」こともあれば「間違っている」こともある。物理学であれば、観察や実験方法の進歩により、それまで正しいとされてきた理論が否定されることがある。経済や社会の領域では、政治力学の均衡が崩れて体制の転換が生じた結果、以前の理論が成り立たなくなることがある。リュエフはこれを、数学者アンリ・ポワンカレによって広められた「ユークリッド的」、「非ユークリッド的」という術語を使って説明する。理論や制度が現実と合致する場合には、それらはユークリッド的であり、現実との間に齟齬が生じる場合には非ユークリッド的である。また、同じ理論や制度であっても、それが適用される条件の違いによって、ユークリッド的であったり非ユークリッド的であったりする、と。リュエフは後年（一九六九年）、この著作の第二版の序論のなかで、ケインズを例にとり、次のように説明している。ケインズ理論は、賃金が市場の影響をうけないとする賃金不変仮説を暗黙の前提としている。そうした条件のもとでは、たしかにケインズ式の考え方しか有効ではないから、彼の理論はユークリッド的であると言える。しかし西側諸国では、賃金（とくにその上昇）は今日でもなお総需要の変動によって決まっているから、賃金不変仮説は成り立たない。それゆえケインズ理論は非ユークリッド的である。(5)

リュエフは『自然諸科学から道徳諸科学へ』によって、後の彼の経済学研究を方向づけることになる、方法にかかわる二つの原則を手に入れる。一つは社会および思想・イデオロギーに関係する原則である。

いまや、合理的な諸理論によって現実の社会を正当化しても意味のないことが分かった。道徳や経済の諸理論がわれわれの社会の形態を決定できないのは、動力学がガスの特徴を創り出せないのと同じである。社会は宇宙の営み全体によって実現され、存在している。また、われわれが手にしている諸理論は現在のところユークリッド的であっても、おそらく将来はそうでなくなるであろう。それらの諸理論は諸法則を再現するために帰納法で創られたにすぎない。(6)

この引用からは、リュエフが一種の唯物論と相対主義に行き着いていたことが分かる。後段で明らかになるように、ときどきの経済問題についてのリュエフの言説は常に原則に忠実であり、ケインズやミルトン・フリードマンにたいする批判は非常に厳しかった。そのために、彼の経済学は柔軟さに欠けるという評もなされた。そうした彼の言説ならびに経済学の特徴は、右の引用文にある「道徳や経済の諸理論がわれわれの社会の形態を決定できないのは、動力学がガスの特徴を創り出せないのと同じである」という、彼が思索を通じて到達した結論に淵源があるようである。

原則のいま一つは実証研究の重視である。

すべての道徳諸科学の基本部分は経験的諸法則の探究になろう。この探究を円滑にするために利用できる材料は、歴史、統計、およびあらゆる種類の市場価格表である。それらを体系的に研究することによってのみ、新しい諸法則の発見や、真実と仮定されている合理的諸法則の検証が可能になる。(7)

リュエフは経済学の研究において実証を重視し、理論と現実との関係性に関心を集中することになるが、すでにここに、その根拠が示されている。

「為替、自然の現象」(一九二二年)

この論文は数学者エミール・ボレルの推薦により、フランス・アカデミーの科学総合誌に掲載された。高名な数学者が経済学の論文を、しかも大学でわずか二年間経済学を研究しただけの若手研究者の処女論文を、権威ある科学総合誌に推薦するのは異例である。リュエフによれば、それはエコノメトリックスという、当時としては斬新な手法を用いていたからだという。公刊された論文は大きな反響を呼んだ。それは手法もさることながら、為替という「現象」に理論と実証の両面から迫った、画期的な研究だったからである。

リュエフはこの論文で、自らの為替理論を次の二つの原理によって定式化する。原理一——各国の通貨の購買力は、通貨が商取引にもとづいて発行されている限り、各国間で大きく乖離することはない。原理二——国1の通貨の国内における購買力と、この通貨がもつ国2における購買力(その数量は国1の通貨で表示される)との「乖離《ディスパリテ》」は、国際収支を調整し、その均衡を維持する(あるいは、一時的に妨げられた国際収支の均衡を回復する)働きをする。ここで言う「乖離」

$(P_{1\cdot2})$は、次の計算式で定義される[8]。

$$\pi_{1\cdot1} - \frac{1}{C_{1\cdot2}}\,\pi_{2\cdot2} = P_{1\cdot2}$$

ただし、$\pi_{1\cdot1}$は国1の通貨の対内購買力、$\pi_{2\cdot2}$は国2の通貨の対内購買力、そして$C_{1\cdot2}$は国1における国2の通貨の対内購買力、をそれぞれ表す。なお、通貨の対内購買力は、一〇〇をときどきの卸売物価指数（I）で除した左の数式で定義される。

$$\frac{100}{I}$$

リュエフは二つの原理が正しいことを、最初にエコノメトリックスの手法を使って理論的に証明する。すなわち、新たな条件を設定しなくても二つ原理が成り立つことを証明する。

次にリュエフは、二つの原理が実際に正しいことを統計データにもとづいて験証する。彼が利用したのは、一九一二―一三年および一九二〇―二一年についてのフランス、イギリス、アメリカ、イタリア、ベルギー、スペイン、スイスの七カ国のデータである。ただし、いずれの国

図1　フランの欧米諸国における購買力の平均「乖離」とフランスの貿易収支（特別貿易）の推移（1920–22年）

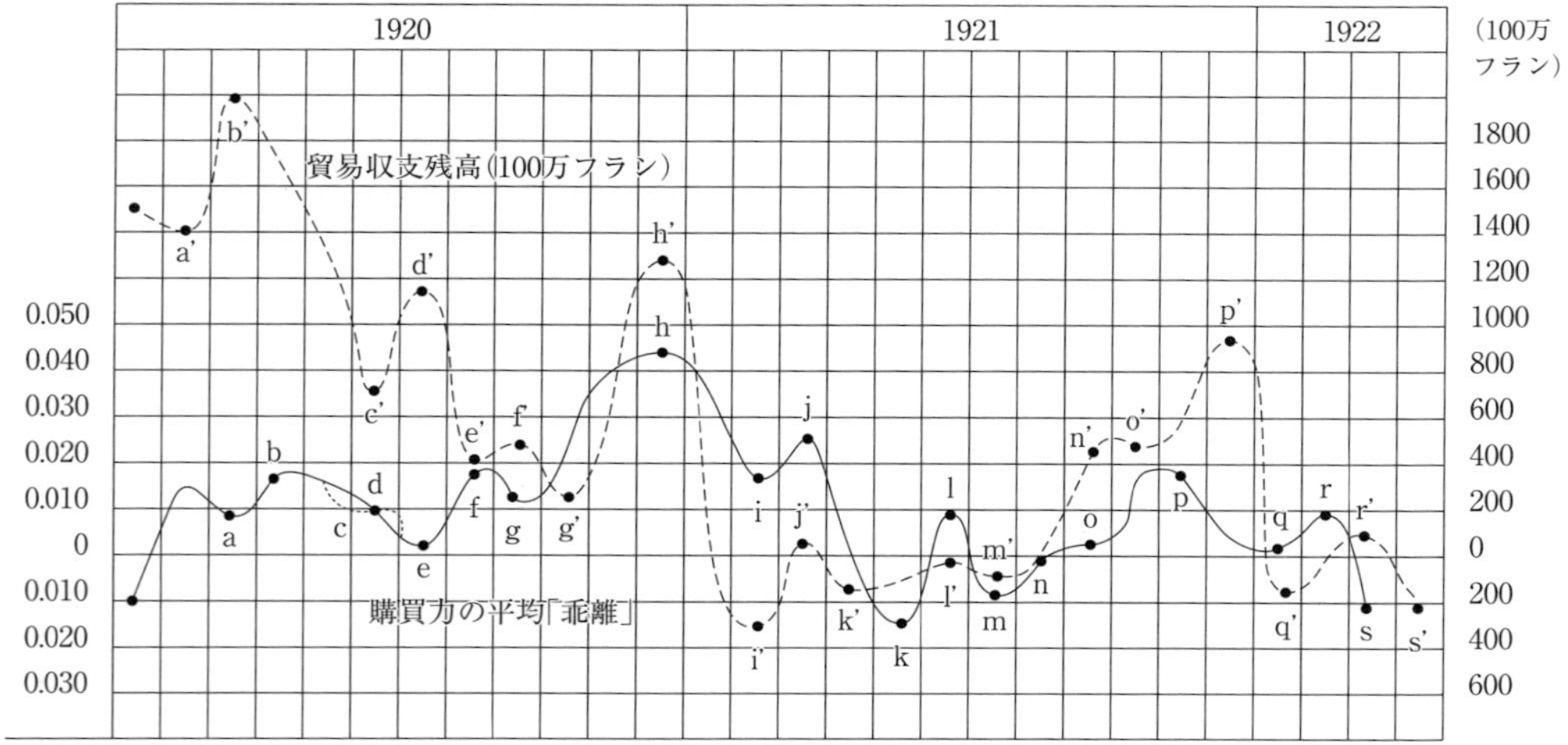

注1）欧米諸国とは，1920年についてはイギリス，アメリカ，イタリアの3カ国，1921–22年についてはイギリス，アメリカ，イタリア，ベルギー，スペイン，スイスの6カ国。

注2）「乖離」とは，フランのフランス国内における購買力と欧米諸国における購買力との月平均乖離幅。

注3）曲線中のa, b, c…, a', b', c'…は，2本の曲線の変動の対応関係（極小点および極大点）を示す。

（出所）*OCJR*, Ⅱ-2, p. 164

については国際収支に関する公式統計はきわめて貧弱で、時系列に沿って確実に追えるのは事実上、貿易だけであった。リュエフはこうした不完全な統計情報が結論に及ぼす影響を慎重に衡量し、その影響は軽微であると言う。そのうえで彼は、次のような手順で験証を進める。

(1)　金本位制下の一九〇一―一〇年における、月ごとのフランの購買力平価を卸売物価指数から算出し、この平均値を購買力の基準単位として採用する。

(2)　一九二〇―二二年の三年間について、フランスを含む七カ国におけるフランの購買力（フラン表示）の月ごとの変動を計算する。この計算結果から、いずれの国について見ても、フランの購買力の「乖離」がごくわずかにとどまっていたことを確認する。そして、原理一の正しいことが実証されたと結論づける。

(3)　同じく一九二〇―二二年の三年間について、フランスにおけるフランの購買力と、他の六カ国におけるフランの購買力との「乖離」を、月ごとに計算する。次いで、その結果と、貿易収支（特殊貿易）の月ごとの残高を、それぞれグラフで示し、両者の変動が一定の時間差をともないつつ完璧なまでに対応していることを確認する。そして、原理一と同様、原理二の正しさも実証されたと結論づける。

図1として掲げたグラフはリュエフが作成した七種のグラフのうちの一枚で、総括図であ

る。図は七カ国におけるフランの購買力の「乖離」の平均値と、フランスの貿易収支（特殊貿易）の月ごとの残高の、それぞれ変動を示している。この図から、二本の曲線の変動がタイム・ラグ――それぞれ対応する極大点と極小点を見れば最大で二カ月のタイム・ラグ――をともないつつ、概ね対応していることが確認できる。

以上のような一連の作業の後にリュエフはこう総括的に結論づける。国際収支が自動的に回復するメカニズムは、金本位制下の大戦前はもちろんのこと、金本位制が停止された大戦後においても一貫して機能している。ただし大戦後においては、均衡は価格メカニズムの一種である為替相場の変動によって実現されている。国際収支に見られるこの現象は、ファントホッフの法則やルシャトリエの法則など、物理学や化学の分野で広く知られている均衡点の移動による均衡の回復と何ら変わらない。リュエフが論文の表題に「為替、自然の現象」を選んだのは、まさにこのためであった。

リュエフは論文の最後の部分で、国際収支の調整現象の政策面における含意を、ドイツの賠償問題と関連づけて詳しく論じる。その内容はなお荒削りではあるものの、トランスファー問題を扱った後年の論文と重なっている。実際、この論文の結論は次のようなものであった。近隣諸国がドイツからの輸入を制限しない限り、またドイツ国内で価格メカニズムの機能が損なわれない限り、ドイツから支払い相手国への賠償金の移転は可能である。

結論的に言えば、リュエフは以上に紹介した『自然諸科学から道徳諸科学へ』と「為替、自然の現象」によって、彼をケインズから根本的に区別することになる二つの重要な命題をわがものにした。第一に、個人に自由が保証されている限り、経済法則は物理学の法則のように厳格に作用しつづける。それゆえ、経済政策は経済法則、すなわち今日の経済学でいうミクロ経済理論を前提として策定されねばならない。第二に、たしかに欧州の経済環境は第一次世界大戦によって激変した。とはいえ国際収支は、各国間における通貨の購買力の「乖離」が変動することによって均衡を回復している。それゆえ価格メカニズムによる調整は、さまざまな障害を乗り越えて厳然となされている。

かくて経済学の古典理論は理論的にも実証的にも依然として正しい、つまり古典的な均衡理論は依然としてユークリッド的である、ということになる。リュエフは第一の命題を科学的説明に関する思索から、また第二の命題を経済の理論的ならびに実証的研究から、それぞれ導いたのである。これは、リュエフがケインズとは対照的に、第一次世界大戦の前と後の経済社会は連続していると認識するに至った、ということである。リュエフはのちに、論文「為替、自然の現象」

で確認した現象を「貨幣の調整現象」と呼び、自身の経済学の基軸に据えることになる。

註

（1）John Maynard Keynes, *The Economic Consequences of the Peace*, London, Macmillan, 1919. Cf.*The Collected Writings of John Maynard Keynes* [*CWJMK*], Vols.II, 1971, Macmillan, Cambridge University Press.（『ケインズ全集　平和の経済的帰結』第二巻、東洋経済新報社、一九七七年。）

（2）Id., *A Tract on Monetary Reform*, London, Macmillan, 1923. Cf. *CWJMK*, Vol.IV, 1971.（『ケインズ全集　貨幣改革論』第四巻、東洋経済新報社、一九七八年。）

（3）Id., *The End of Laissez-faire*, London, Leonard & Virginia Woolf at the Hogarth Press, 1926. Cf. *CWJMK*, IX, 1972.（『ケインズ全集　説得評論集』第九巻、東洋経済新報社、一九七八年。）

（4）*OCJR*, II-1, p.30.

（5）*Ibid.*, p.39.

（6）*Ibid.*, p.145.

（7）*Ibid.*, p.146.

（8）その後、論文「為替、自然の現象」は大幅に増補され、一九二七年刊行の『通貨現象の理論』に収録される。この著書では、「乖離」は購買力平価からではなく、為替相場から直接導くという、便宜主義的方法が採られている。*OCJR*, II-1, pp.305 et passim.

第二章　イギリスにおける「永続的失業」と失業保険制度

第一次世界大戦中にはイギリスでもフランスでも挙国一致内閣が組織され、左翼諸政党の指導者や労働組合出身者たちが政治権力の行使に参加した。こうした経験もあり、平和が戻ると労働組合運動が高揚し、国会では左翼諸政党が議席を増やした。イギリスでは一九二二年に労働党政権が、またフランスでは一九二四年に左翼連合政府がそれぞれ誕生する。さらにフランスでは、国際共産主義運動の一翼を担う共産党が一九二四年の国政選挙で二四議席を獲得する。英、仏と同様の動きは他の欧州諸国にも見られた。大戦後に誕生した国際組織にもこうした動きが反映している。一九一九年末に国際連盟の姉妹機関として国際労働機関（ＩＬＯ）が創設され、初代事務局長にフランスの社会主義者アルベール・トーマが就任する。この国際機関が重要課題の一つに掲げたのは、失業の原因および失業保険制度の研究と失業統計の収集であった(1)。失業問題が社会的にも政治的にも大きな関心事になっていたことがうかがえる。

一九二五年一二月、リュエフは「イギリスにおける失業の変動」と題する論文[2]をフランスの『政治・議会評論』誌に発表した。これは自然失業や循環性の失業とは異なる、新しいタイプの失業――リュエフの用語で言えば「永続的失業」――にメスを入れた世界で最初の研究である。彼は一九三一年春にも同様のテーマで論文を書いている。この二編の論文でリュエフが採用したアプローチは、ケインズが取り組むことになる「雇用、利子および貨幣の一般理論」の研究とは正反対のものであった。

第一節　イギリスにおける失業の変動

イギリスでは一九二二年から失業者が急増し、以後その数は一〇〇万人を大きく超えるようになる。リュエフがイギリスの失業問題をとりあげたのは、この国の失業者数が異常に多かったことによるだけではない。失業問題の研究には雇用統計が欠かせないが、当時これらの統計が一国単位で存在したのはイギリスだけだったからでもある。

リュエフの一九二五年論文は比較的短く、論述もシンプルであった。彼はイギリスの経済・雇用統計から四本の曲線（図2を参照）を作成し、以下の諸点を確認する。図の下段の二本の曲

図2　イギリスにおける失業の変動（1919-25年）

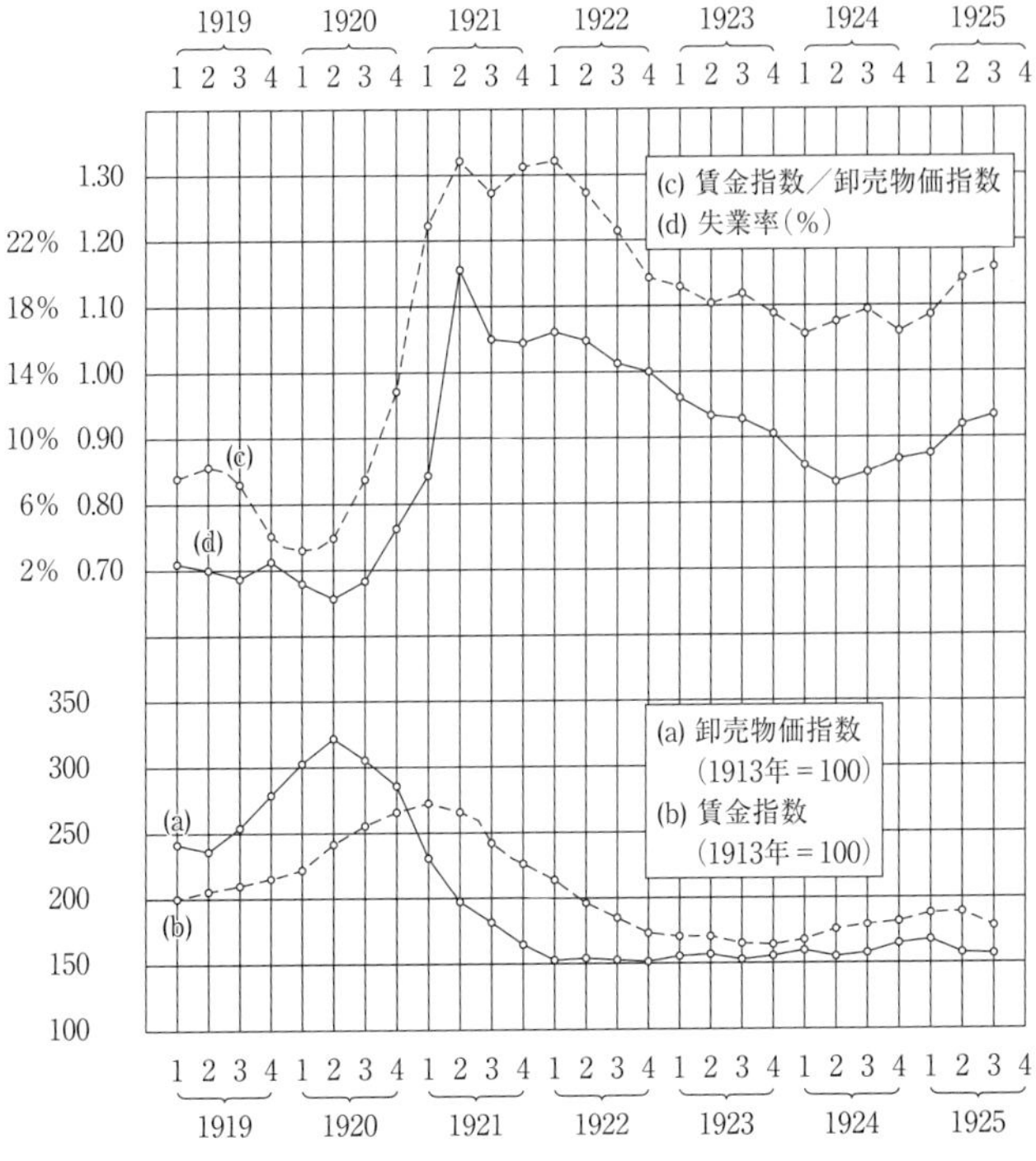

出所）J. Rueff, «Les variations du chômage en Angleterre, *op. cit.*», p. 226.

線(a)、(b)は（卸売）物価と賃金のそれぞれ指数を示すが、それらは一九二〇年の半ばまで併行して上昇する。次いで、物価指数(a)は急落し、一九二二年以降は一五〇の水準に張りついている。一方、賃金指数(b)は一九二一年初頭まで上昇をつづけた後、徐々に下降し、一九二四年初頭から上昇に転じる。これにたいして上段の二本の曲線、すなわち、失業率(d)と、賃金指数を物価指数で除して得られた実質賃金指数(c)は、一貫して相互に連関した動きをしている。

次に、リュエフは次のように議論を進める。イギリスの失業率が高止まりしているのは、とりわけ一九二一年の年末以降、賃金が物価にスライドして低下しなかったためである。賃金が下がらなかったのには原因が二つある。一つは「労働組合の伝統的な力」である。一九二一年末に、イギリスの国民通貨ポンドは実勢よりも高い大戦前の平価で金本位制に復帰した。これによってポンドは過大に評価されることになり、国内産業は不況に見舞われた。不況になれば本来、賃金は下がるはずである。だが労働組合の力が強いために賃金の引下げが妨げられたのである。いま一つの原因はイギリスの「失業救済政策」、すなわち一九一一年に導入された失業保険制度にある。この制度は、賃金が一定水準以下に下がると労働者が失業を選択して失業保険を得ようとすることから、最低賃金を保証する制度として機能する。それゆえリュエフは、イギリスで失業が継続する「根本的原因」は失業保険制度にあると言う。

イギリスには以上のような特殊事情があるために、この国で失業率が下がるとすれば、賃金が据え置かれたまま物価だけが上昇するか、あるいは物価が下落せずに賃金だけが引き下げられるか、のいずれかということになる。しかし、いずれも革命か暴動でもない限りあり得ない。よってイギリスの失業率が大戦前のような低い水準に戻ることはない。これがリュエフの下した結論である。

リュエフの論文は、一九二六年三月一五日付けのフィナンシャル・タイムズ紙で、経済学者で銀行家のジョサイア・スタンプが紹介したことから、フランス語圏内にとどまらず広く欧州諸国で知られることになる。それは経済学者たちの間だけではなかった。ジュネーヴのＩＬＯでは、事務局長アルベール・トーマが、失業の原因の究明は労働者にとっても重要であるとして、リュエフの論文に大きな関心を寄せた(3)。

第二節　「永続的失業」の原因とケインズ

リュエフの一九三一年論文

一九二五年論文から五年余りが経過した一九三一年三―四月、リュエフは長大な論文「失業保険制度――永続的失業の原因」をフランスの経済理論誌『政治経済学評論』に匿名で発表する(4)。論文には、この専門誌の編集責任者でフランス経済学会の重鎮、シャルル・リストによる「著者はイギリスに詳しい研究者である」との短い紹介文が付されていた。折から、大恐慌が欧州諸国を本格的にとらえ始め、それとともに自由な市場経済にたいする懐疑がさまざまな社会カテゴリーの間に広がりつつあった。著者リュエフの名が伏せられたのは、当時の彼の身分がロンドン駐在財務官であり、外交上の配慮が必要だったからである。とはいえ、論文の導入部には著者が一九二五年の「イギリスの失業」の著者であると書かれていたから、匿名の著者が誰かは誰の目にも明らかであった。

リュエフは論文で、研究の対象となる時期を一九三一年にまで延長し、一九二五年論文と同様の実証分析をこころみている。それによれば、一九二六—二七年については、ゼネストの影響から実質賃金指数と失業率の二本の曲線の相関関係に乱れが生じている。だが、それ以外は一九二五年以前と同様、二本の曲線は完璧に正の相関を示している。それゆえ、保護貿易政策によって国内物価が上昇する、あるいは技術進歩によって生産性が著しく上昇する、などの大きな事情の変化がない限り、将来も失業は減らないはずである。

リュエフがこの論文を書いたのは、一九二五年論文の正しさを再確認するためだけではなかった。主な目的は他にあった。ジョサイア・スタンプ、ウィリアム・ベヴァリッジ、シャルル・リストなど何人かの高名な経済学者がリュエフの分析と結論を肯定的に評価したとはいえ、他の多くの専門家や一般人は沈黙し、一向に旗幟を明らかにしようとしない。それはなぜなのかを問うと同時に、そうした姿勢を批判することに論文執筆の主たる狙いがあったのである。

時流と合わないリュエフの主張

リュエフによれば、一九二五年論文の最大の意義は、実質賃金（賃金指数／一般物価指数）の変動と失業率の変動の間に厳然とした正の相関関係があることを、統計分析によって論証した点にある。論者たちの一部は、たしかにこの相関関係の存在を認める。しかし彼らは、実質賃金の上昇はあくまでも数ある原因のなかの一つにすぎず、イギリスで失業が減らない主要な原因は、大戦後に顕著になった市場構造や産業構造の変化にあると見る。そして失業一般については、相変わらず一般物価の変動（下落）とかかわらせて説明する。その典型例がＩＬＯの「失業委員会」が一九三一年に作成した長大な研究報告書である。この報告書は次の言葉で結ばれている。

> かくて、さまざまな時期とさまざまな国を対象に行われた検討事例からは、物価水準の変動と失業の変動との間に相関関係のあることが明確になった。また、将来、深刻な不況と物価の低落期が生じないようにするための諸措置を、しっかりと講じる必要のあることも明らかとなった。[5]（傍点は引用者）

しかしリュエフによれば、ＩＬＯの報告書がとりあげているのは古典的な循環性の失業であって、新しいタイプの失業ではない。仮にイギリスの失業が循環性の失業であるなら、一般物価指数が低下した一九二五年には失業率が下がったはずである。だが失業率にはまったく変化が見られない。失業は「永続的」なのである。イギリスにおける失業で問題にすべきは、一般物価指数の変動ではなく、他の諸物価にたいする一商品の価格（賃金）、すなわち「相対価格」（賃金／一般物価指数）である。それゆえ、賃金指数がなぜ一九二二年末から一般物価指数よりも高い水準に張りついたままになっているのかを問うべきなのである。

さらにリュエフはこうつづける。この高止まりしている賃金水準は労働協約で決められた賃金水準である。大量の失業者がいるなかでそうした水準が維持できるのは、失業保険制度――しかも、保険は名ばかりで実質は国家財政による保証――があるからにほかならない。「『失業手当《ドール》』は労働組合の規律を無限に保証する働きをしている。これこそが、賃金を物価指数とまったく無関係の水準で安定させている本質的な装置なのであり、これこそが永続的失業の原因なのである」(6)。しかも問題はそれだけにとどまらない。賃金が変動しなくなったことからイギリスの労働市場は均衡しなくなり、労働力の再配分も行われなくなっている。イギリスが直面している状況はきわめて深刻である。

以上の現象はイギリスだけに見られ、失業保険制度のない他の諸国には見られない。唯一の例外は賃金が強権的に決められているドイツだけである。このことからリュエフは、価格メカニズムが妨げられるところでは、どこにおいても同様の現象が見られるはずだと言う。

では、なぜ多くの専門家や一般人がリュエフの分析と、この分析に論理的に含まれている彼の主張に沈黙しているのか。リュエフによれば、考えられる理由は二つある。まず、リュエフの主張は社会通念にも「経済の組織化」という大戦後の時流にも反している。次に、名士たちの間に広がっている「理想主義」とも相容れない。要するに、リュエフは自らの主張が時代の風潮に合っていないからだと言うのである。

リュエフは論文の最後の章に「価格メカニズムの欠如と経済危機」という表題をつけ、全体を総括している。この総括のなかで、彼はまず、賃金が自由に変動しない限り労働市場は均衡しないから、イギリスやドイツの対処法では失業問題は解決しないことを再確認する。次いで彼は、管理経済へと向かいつつある時代の風潮に、次のように警鐘を鳴らす。

この結論は世論の大半を不愉快にするであろう。……たしかに賃金を固定すれば、職に就いている労働者たちは、自由競争体制におけるよりもわずかに多い稼ぎを維持できる。だがその他の労働者たちを失業に追いやり、不幸にさらす。この不幸は失業保険ではごくわずかしか緩和できない。そのうえ深刻な危機を惹起する。この危機の影響は少しずつ広がり、経済組織全体を最悪の危険にさらすことになる。(7)

一九三一年論文は、表題が直截的だったこともあり、一九二五年論文以上に大きな波紋を欧州諸国に広げた。まず、タイムズ紙が一九三一年六月一一日と一二日の二日にわたって、ジョサイア・スタンプによる詳しい紹介論文を掲載した。次いで六月二二日、この紹介論文を読んだラムゼイ・マクドナルド労働党内閣の労働大臣マーガレット・ボンドフィールドが下院演説でリュエフ論文をとりあげ、イギリスの労働者階級を根拠もなしに中傷したとして、匿名の「フランス人」を激しい口調で非難した。この演説に触発されて、下院本会議では長時間にわたる論議が行われた。かくてこの日を境に、リュエフはロンドンで一躍、時の人となった。さらにアレキサンダー・ラヴデー、アーサー・セシル・ピグーなどの経済学者がリュエフ論文をとりあげることになる。一方、フランス語圏では、経済学者たちの間で「リュエフの法則」という用語が使われるようになる。(8)

ケインズによるコメントと二つの補足

では、ケインズはイギリスの国論を賑わせたリュエフ論文をどう見ていたのか。次章で詳しく触れるように、リュエフはすでに一九二八年の秋以来ケインズと交流があった。一九三〇年五月にロンドン駐在財務官に着任して以降は、有名な「火曜クラブ」の夕食会に招待されるなど、ケインズと親しく接するようになっていた。一九三二年五月一六日、リュエフはマーシャル協会の後援で、ケンブリッジのアーツ・スクールにおいて「政治経済学と経済政策」と題する講演をしている。講演の正確な内容は明らかでないが、価格の変動による調整の意義を説いたものだったと考えられる。会場にはケインズとラルフ・ホートレーがおり、二人はその場で「重要なコメントをした」(9)という。その四日後の五月二〇日付で、ケインズはリュエフに書簡を送り、講演についてこう記している。

私は先日のケンブリッジでのあなたのお話を高く評価します。……私はあなたの考えの大部分に賛成です。私たちの間に違いがあるとすれば一点です。私が思うに、あなたは、諸構造はそれ自体で元の構造に調整されるとしていますが、私の方は、諸構造が新たな諸条件に調整するのを望んでいます。私はこう考えます。あなたが当てにしている柔軟性は空想であり、

われわれは柔軟性を当てにせずに機能し得る仕組みを構築しなければならない、と。(10)

要するにケインズは、経済理論のレヴェルではリュエフを高く評価するものの、リュエフが重視する市場、なかでも労働市場における価格メカニズムの機能を非現実的と見ていたのである。

最後に、失業問題に関するリュエフの議論について、二点を補足しておこう。第一に、後年（一九五〇年代末）、インフレと失業がトレード・オフ関係にあることを示すフィリップス曲線が知られるようになる。リュエフはこの学説について、賃金が扱われておらず、誤りであると明言している。(11) しかし、この学説はケインズ理論が一世を風靡していた一九五〇年代に開発されたものだけに、（名目）賃金が下方硬直的であることが前提とされていたと考えられる。賃金が扱われていないのはこのためだった可能性がある。

第二に、イギリスの失業に関するリュエフの二編の論文は、もっぱら統計分析にもとづいていることから、彼が失業問題にたいして厳しかったかの印象を与える。この点について、リュエフは後年、次のように説明している。賃金の下方調整は不均衡が軽微であれば可能である。しかし大幅な不均衡がある場合には、政治的・人道的観点から見てこの方法はとれない。大幅な下方調整が必要な場合には、通貨を切り下げることによって国内物価を引き上げ、実質賃金の引下げを図る、というのが自分の考えである。一九二八年に採用された新フランの平価算定、および一九五八年一二月のフランスにおける財政再建プランの策定という、自らが関与した国際的にもよく知られる二つの成功例は、まさにこの考え方にもとづいている(12)。

註

（1）Bureau international du Travail, *Dix ans d'organisation internationale du travail*, Genève, B.I.T., 1931, pp.217-226.

（2）Jacques Rueff, « Les variations du chômage en Angleterre », *Revue politique et parlementaire*, décembre 1925, repris dans *OCJR*, II-2, pp.219-230.

（3）*OCJR*, I, pp.87-88.

（4）Jacques Rueff, « L'assurance-chômage: cause du chômage permanent », *Revue d'économie politique*, n° 45, mars-avril 1931, repris dans *OCJR*, II-2, pp.231-270.

（5）Bureau International du Travail, Commission du chômage, « Les fluctuations monétaires et chômage », Studies and Reports of the International Labour Office, Series C, No.16, Geneva, 1931. Cit. dans *OCJR*, II-2, p.246.

（6）*OCJR*, II-2, pp.244-245.

（7）*OCJR*, II-2, p.263.

（8）*OCJR*, I, pp.87-97.

（9）*OCJR*, I, p.113.

(10) Lettre de Keynes, cit. par *OCJR,* I, pp.104-105.

(11) Jacques Rueff, « L'ère keynésienne », *Bulletin de l'Institut économique de Paris*, novembre-décembre 1975, repris dans *OCJR*, III-1, *op. cit.*, pp.161-178.

(12) *OCJR*, I, p.102.

第三章　ドイツ・トランスファー論争

第一次世界大戦後にドイツが負うことになった巨額の賠償支払いは、国際政治ならびに経済学界に大きな問題を投げかけた。なかでも賠償支払いにともなうマルク資金の外貨への転換、いわゆる「トランスファー」によってマルクの安定が脅かされ、戦後ドイツの経済危機がいっそう深刻化することが危惧されたからである。このため、一九二四年に策定されたドーズ案では、賠償支払いはマルク相場を損なわない範囲で行うこととされた。経済学者たちの間で展開された「トランスファー論争」も同じ問題をめぐるものであった。この論争でとくに有名なのは、一九二九年にケインズが編集責任者を務めるエコノミック・ジャーナル誌上で行われたケインズ、リュエフ、ベルティル・オリーンの三人の間の論争である。

第一節　ジュネーヴにおけるリュエフとケインズ

一九二八年秋、国際連盟の本会議開催中に、リュエフとケインズはジュネーヴの高等国際研究院に招聘される。そして同研究院の院生の前でこもごも報告した後に、二人で公開討論に臨んだ。同研究院の院長でイギリス産業革命史研究の大家ポール・マントゥが、知識人たちの話題をさらっていた二人を引き合わせ、対決させたのである。

リュエフの報告はトランスファー問題に関するものであった。討論に移ると、ケインズはリュエフに、「ところでこの調整はどのようにしてなされるのか」と尋ねた。リュエフの答えはこうであった。国際収支が赤字になると、金が国外に流出する。金の流出は即、国内の購買力が国外に移転することを意味するから、それだけ国内の需要が減少する。かくて物価が下がり、それにともなって供給が減少し、やがて均衡が回復する。ケインズは壇上を歩き回りながらリュエフの回答を聞いていたが、突然立ち止まり、「それはとても面白い考え方だ。じっくり考えて見たい」と言った。リュエフはこのときのケインズの様子から、ケインズは総需要という概念を知らなかったようだ、と回想している。(1) ちなみに、ケインズがこの概念を用いるのは『貨幣論』(2)

エフは、一九二七年に刊行した『貨幣現象の研究』のなかで、ケインズに先駆けてこの概念を使っていた。

ジュネーヴでのケインズとの出会いと相前後して、リュエフは一九二八年九月に、論文「経済的誤謬、トランスファーの組織化」[4]を発表する。リュエフはこの論文で、(1)一九〇八―〇九年、(2)第一次世界大戦の直前と直後、(3)一九一九―二二年という、フランスの国際収支が激変した三つの時期をとりあげ、そうした時期においてさえ国際収支は問題なく調整され、均衡を維持したことを統計分析によって検証する。つまり、金や外貨の移動は比較的わずかにとどまり、調整はそれ以外の収支項目、なかでも貿易収支によってなされたことを明らかにする。

彼はとくに、一九一九―二二年における調整を詳細に検証している。大戦中のフランスは英、米両国から一七〇億フランの戦時金融支援をうけ、この巨額の金融支援によって貿易収支の大幅な赤字をカヴァーし、フランをポンドおよびドルにペッグしていた。ところが大戦の終結にともない、一九一九年の第1四半期にこの金融支援は停止した。こうしてフランスの国際収支に突如一七〇億フランの欠陥が生じた。だがフランスの国際収支に不均衡は生じなかった。リュエフはその理由を、フランスとアメリカの統計データから次のように説明する。金融支援の停止後にアメリカにおけるフランの購買力が急落し、その結果として対米輸出の急増と対米輸入の急減が生じ、フランスの対米貿易赤字が減少した。国際収支が均衡したのはこのためである。この間、フランの対ドル為替相場は安定していたから、調整はもっぱら物価によってなされたことになる。しかも、この調整に行政は関与していなかった。

この実証結果からリュエフはこう主張する。古典理論によれば、調整は物価もしくは為替の変動によってなされるはずである。しかしフランスの事例では、調整はもっぱら物価の変動によってなされている。一般的に言って、インフレ期には物価で調整されると考えられる。それゆえ、国際収支の調整は必ずしも為替の変動を必要としないことになる。フランスで確認できたことはドイツのトランスファー問題についても当てはまるはずである。リュエフは言う──

あまりに一般に流布している見解とは反対に、ドイツからのトランスファーを妨げる障害は一切ない。……トランスファーを可能にする手段の、特定時点におけるあるなしが、実際のトランスファーの額を制約することは絶対にない。なぜなら、トランスファーの可否を決めるのは、常に実際のトランスファーだからである。それゆえ、為替市場にトランスファーに必要な手段がないからといってトランスファーを中断するのは、トランスファーを可能にする唯一の方法を意図的に放棄するに等しい(5)。

かくてリュエフは、「トランスファー問題は存在しない」、「重要なのはトランスファー問題ではなく予算の問題である」、つまり賠償支払いから生じる租税負担増にドイツ国民がどれだけ耐えられるか、という内政上の問題であると結論づける。

リュエフはこの論文をフランス語の読めるケインズに送った。エコノミック・ジャーナル誌上で論争が行われたのはその後である。論争は次のような手順で行われることになった。まずケインズが論文を書き、これを一九二九年三月号に掲載する。次いでリュエフとオリーンがそれにたいする批判論文を書いてケインズに送る。その原稿に目を通したケインズが「回答」を書き、三人の原稿を同誌に掲載する。三人の原稿は六月号に掲載される予定になっていた。ところがケインズ論文を読んだリュエフが、先にケインズに送った論文に代えて新たに論文「トランスファー問題に関するケインズ氏の見解」を書き下ろすことにした。このため、リュエフ論文とケインズの「回答」の掲載は九月号に先送りされた。

第二節　リュエフ／ケインズ論争(1)――リュエフのケインズ批判

最初にケインズのトランスファー論を見ておこう。それは次のようなものであった(6)。

論者たちの多くは、ドイツによる賠償支払いは財政問題に帰着すると見ている。だがことはそう簡単ではない。ドーズ案で指摘されているように、賠償支払いには財政問題のほかにトランスファーにかかわる問題があるからである。トランスファー問題を解決するには、海外に借款を求めない限り、ドイツからの輸出を増やして外貨を確保する必要がある。それには工業製品の、金で評価された生産コストを削減する必要がある。生産コストを削減する有力な方法は賃金の引下げである。だがこれにはいくつかの問題がある。まず、ドイツ国民の支出が、賠償支払いのための増税だけでなく、賃金の引下げによっても減少する。次に、賃金の引下げをデフレ政策によって実現する方法も考えられるが、デフレは失業を生むから、この方法には「政治的・人道的に実行可能か」という問題がある。さらに、賃金を引き下げれば、強力なドイツ工業が近隣諸国に激しい競争を挑むことになり、国際経済関係に緊張をもたらす。

ところで、仮に賃金の引下げが実現しドイツ工業の国際競争力が増しても、輸出を増やすことは容易でない。一般に、一国の輸出は当該国の経済構造と近隣諸国の経済構造との関係によって決まるが、いずれの経済構造もにわかに変えることができないからである。それゆえ、一定時点をとるなら、一国の輸出には「自然の水準」がある。ケインズは、歴史的に見ても対外投資は貿易収支に調整される傾向があり、その逆ではなかったと言う。ちなみにリュエフは、後年（一九七八年）、自伝のなかで当時のケインズとの論争に触れ、すでにこの時期に、ケインズの思想の骨格は形成されていたと記している。(7)

ケインズの議論からは論理的に一つの解決法が導き出される。それはトランスファーの額をドイツの貿易黒字の水準に合わせるという方法である。あるいは、リュエフの言葉を借用すれば、トランスファーを「組織する」という方法である。

次に、リュエフによるケインズ批判に移ろう。リュエフはケインズのトランスファー論には二つの理論上の誤りがあると言う。一つは、ケインズが増税と賃金の引下げによってドイツ国民の支出が減少するとしている点である。リュエフによれば、賃金が引き下げられると、理論上、それに連動して国内のすべての商品の価格が同じ割合で低下するはずである。また、増税によって国家が手にしたドイツ国民の所得は輸出業者からの外貨の買取りに充てられるから、これらの業者の所得が増える。それゆえ国民の実質的支出は全体として減ることはない。

いま一つの誤りは、ケインズが輸出に「自然の水準」があるとしている点である。リュエフはケインズのこの主張には根拠がないとし、フランスで国際収支の調整が円滑に行われてきたことを示す実例を紹介する。実例の大半は彼がすでに仏語論文に書いていたものである。新しいのは、それらに一九二三年末から一九二五年末までの時期が追加されている点である。リュエフによれば、この新たに追加された時期に大量の資本輸出が行われたが、それでもフランスの国際収支は問題なく均衡した。それまで赤字だった貿易収支が黒字に転じたからである(8)。リュエフは言う――「かくて、〔大戦後の〕いつの時期においても、フランスの貿易収支は国際収支の金融的諸要因（まず政治借款、次いで対外投資）の変動に、驚くほど正確に適応した。これらの変動は急激であり、しかもその額がいちじるしく巨額であったにもかかわらず、そうであった。これらの変動は、ケインズが〔貿易〕相手国の経済構造と呼ぶものとはまったく関係がなかった(9)」。

こうしてリュエフは、理論と実証のいずれの面から見てもトランスファー問題は存在しない、あるのはドイツ国民が増税の負担にどこまで耐えられるかという内政上の問題だけである、と結論づける。だが彼はそれだけでは満足せず、こうつづける。ケインズが「経済現象の流動性《フリュイデテ》」を疑問視しているのは重大である。それは「自由主義経済」と「組織経済」のいずれを選択するかという原則の問題にかかわっており、「経済理論の観点よりも政治的観点から見て重要である」。

なぜなら、ケインズのような考え方は「共産主義に似た『組織経済』の実践に、必然的に向かう」(10)からである。

このリュエフの議論はやや唐突に見える。しかし当時、フランスの隣国イタリアではすでにファシスト政権が成立していたし、ドイツではヒトラーが権力の座に近づきつつあった。さらにフランス国内では、共産党が一九二四年の下院選挙で二四議席を獲得していた。それだけに、自由主義者を自認するリュエフにとって、ケインズによる流動性の否定は看過できなかったのであろう。

第三節　リュエフ／ケインズ論争(2)——ケインズの反論

ケインズはリュエフから論文の原稿を受け取ると、すぐに礼状を書いている。そのなかで彼はリュエフにこう質している。賃金の物価への適応の遅れを過大評価しているとして、私を批判されるのか、と。リュエフはケインズにこう返信している。「過大評価しているというのではありません。過去には、大規模な調整が価格の変動によって大きな問題もなく行われています。こうした経験に照らして、将来も同じであろうと、私は言っているのです(11)」。

ケインズはエコノミック・ジャーナル誌に掲載された「ケインズ氏による回答」[12]のなかでリュエフに反論する。それは三点に分かれる。第一に、ドイツ国民の支出の減少という言葉の意味について。ケインズによれば、それは、賃金が引き下げられればドイツの交易条件が悪化し、ドイツ国民の実質的購買力が低下するという意味である。したがって、リュエフからの批判の第一は誤解にもとづいており、当たらない。第二に、リュエフが力説している価格メカニズムによる調整の有効性について。ドイツの場合には実質賃金の引下げが問題になるから、調整は「不可能とは言わないまでも、政治的・人道的に困難である」。

そして第三に、リュエフがとりあげる国際収支の調整に関するフランスの実例について。ケインズは、フランスで一九二八年に実施されたフランの安定化——すなわち、フランの金平価の戦前水準の五分の一への切下げ——を例に引いて、こう反論する。この平価切下げからは「激しい社会的混乱、大規模な富の再配分、既存の契約の大量破棄」が生じている。この事実を見れば、フランスで「調整が円滑に行われたとはとても言えない」。そしてケインズは、リュエフにも劣らぬ激しい言葉を彼に浴びせている。「自身がフランス人であるリュエフ氏が、経済調整が豌豆の鞘を剥くように容易なことを証明するのに、フランスの戦後経済史を引用するとは、何と物忘れのひどいことよ！」[13]。

ケインズの「回答」からは、彼のトランスファー論の特徴と（あるいは）その問題点がうかがえる。彼のトランスファー論の核心は、古典理論が説くような経済の調整は「不可能ではないにしても困難である」と見る点にある。それは彼が、賠償支払いのために巨額の購買力を国外に移転するには、増税だけでなく賃金の引下げが避けられないと見ているからである。

このケインズの議論は、リュエフの議論の枠組みのなかに置き換えると、次のようになり、その意味がすっかり変わる。賠償支払いによって購買力が国外に移転すれば、他の諸国におけるマルクの購買力が下落する。その結果、輸出が増えて輸入が減り、貿易収支の赤字が減る（もしくは黒字が増える）。こうして国際収支は均衡する。つまり、リュエフが他の諸国におけるマルクの購買力の下落（価格メカニズムの一種で、均衡をもたらす要因）と見る現象を、ケインズは賃金の引下げから生じる交易条件の悪化（国民の生活水準の低下をもたらす要因）と見ているのである。ちなみに、リュエフにとっては、国家間における通貨の購買力の変動――リュエフの用語でいう通貨の「乖離」の変動――による大規模な調整は一九世紀以来フランスが何度も経験してきたことであり、何ら特別なことではない。

興味深いことに、ケインズは「回答」のなかで、リュエフが執拗なまでに多くの実例をあげて全面否定した輸出の「自然の水準」にまったく触れていない。仮にそれを撤回すれば、リュエフが力説する貿易収支の変動による国際収支の調整を認めざるを得なくなり、彼のトランスファー論の支柱が崩れるからなのであろうか。同じくケインズは、共産主義に似た「組織経済」に行き着くというリュエフによる批判にも触れていない。この批判に反論しようとすれば、個人レヴェルの自由、したがってまたミクロ経済レヴェルにおける調整のもつ意味に立ち入る必要が出てくる。それを避けるためだったのであろうか。真相は明らかでない。おそらく、二つの批判への回答を回避したところにケインズの思想の独創性が潜んでいると考えるべきなのであろう。

リュエフ／ケインズ論争からは、二人の経済理論家の関心の置き所に決定的な違いのあることが分かる。ケインズは賃金の引下げによるドイツ国民の窮乏化という、政治的・人道的な困難の回避を優先し、価格メカニズムによる調整を拒否する。したがって、明らかに彼の関心は短期に向けられており、彼のトランスファー論は時論的な性格が強いとも言える。ところが他方で、ケインズは輸出には「自然の水準」があるとしているから、彼は自らのトランスファー論を一般理論として提示しようとしたとも考えられる。

これにたいしてリュエフは、議論をもっぱら理論と実証に限定し、調整の有効性を重視する。このリュエフのアプローチは、明らかに、彼が哲学の研究（『物理諸科学から道徳諸科学へ』）を通じて獲得した方法そのものである。ケインズが問題にする政治的・人道的側面とのかかわりで言えば、リュエフは人々から自由を奪う「組織経済」の出現を阻止するという、より高次の、あるいは中長期の、問題の方を重視していたと言える。ちなみに、リュエフが調整の有効性を前提にしたうえで、ケインズが提起した政治的・人道的問題に正面から応えるようになるのは、一九三〇年代末に新自由主義を立ち上げて以降である。これについては第八章で立ち戻る。

一般に英語圏の出版物では、トランスファー論争はケインズ／オリーン論争として紹介されている。なぜこの論争からリュエフが漏れているのか、理由は明らかでない。リュエフが実証を前面に掲げていたために、彼の論文は理論研究に寄与するものではないと看做されたのかもしれない。しかしリュエフの科学方法論によれば、理論は実証の裏づけがあってはじめて意味をもつものであり、実証結果と齟齬をきたす理論は理論たり得ない。彼はすでに、理論研究によって国際収支の古典理論は理論的に有効であることを論証していたから、理論を実証によって検証することこそが自らが果たすべき役割と考えていたのである。このことは、本節の冒頭で紹介したケインズの書簡へのリュエフの返信を見ても明らかである。

それはともかくとして、長期の展望のなかで見れば、リュエフ／ケインズ論争は二〇世紀における社会科学にとってきわめて重要な意味を有している。そこにはすでに、狭義の経済学の枠を超えて、ケインズ主義対新自由主義という社会哲学上の対立の構図が、萌芽的であるとはいえ、はっきりとうかがえるからである。また、リュエフの主張が理論だけでなく、フランスを中心とする欧米諸国を対象とした、おそらくは歴史上最初の国際収支の実証研究にもとづいていた点でも注目に値しよう。

註

（1）Cit. par J. Rueff, *Les fondements philosophiques, op. cit.*, p.494.

（2）John Maynard Keynes, *A Treatise on Money*, 2 vols, London, Macmillan, 1930. Cf.*CWJMK*, Vols.V &VI, 1971.（『ケインズ全集　貨幣論Ⅰ、貨幣論Ⅱ』第五巻、第六巻、一九七九年、一九八〇年。）

（3）Id., The *General Theory of Employment, Interest and Money*, London, Macmillan, 1936. Cf.*CWJMK*, Vols.VII, 1973.（『ケインズ全集』第七巻、東洋経済新報社、一九八三年。）

（4）Jacques Rueff, « Une erreur économique: l'organisation des transferts », *L'Information*, 4, 7 et 8 novembre 1928. Repris dans *OCJR*, II-2.

（5）*OCJR*, II-2, pp.195-196.

（6）*CWJMK* , Vol.XI, 1983, pp.451-459.

（7）*OCJR*, I, p.50.

（8）リュエフがこの論文で利用している国際収支統計は、国際経済取引に関するフランスで唯一の公式統計であった通関統計と、彼の所属先である資金局で入手した統計であったと考えられる。いうまでもなく、これらの統計には今日から見るとさまざまな不備がある。しかし筆者は、仮にリュエフが用いた統計に不備があったとしても、彼の理論的主張それ自体は基本的に損なわれないと考える。なぜなら、リュエフが問題にするのは国際収支項目の変動であってそれらの数値そのものではないからである。リュエフの当該論文は彼の著作全集に収録されているが、リュエフ自身も、また編集協力者を務めたパリ第九大学（ドーフィヌ）教授E・M・クラーセンと同講師G・ラーヌも、使われている統計数字を問題にしていない。それはこうした事情によると考えられる。

（9）*OCJR*, II-2, p.209.

（10）*OCJR.*, II-2, pp.214-215.

（11）De Rueff à Keynes, 23 mai 1929, cit. par *ibid.*, I, p.50.

（12）J.-M. Keynes, « A Reply by Mr. Keynes » in *CWJMK*, Vol.XI, pp.475-480.

（13）*Ibid.*, p.477. なお、ケインズによる反論の最後の部分については議論の余地がある。ケインズは前年の一九二八年に執筆した論文で、フランの安定化、なかでもフランの新平価がデフレを招かない水準に設定された点を高く評価していた。ところが、当時の彼は知る由もなかったが、首相レイモン・ポワンカレから新平価の算出を任されたのは他ならぬリュエフであった。ケインズによるフラン安定化の評価には、明らかに彼の二つの論文の間で食い違いが見られる。これはダブルスタンダードと言うべきなのか。そうでないとするなら、どう理解すればよいのか。

第四章　再建された国際通貨制度とその崩壊過程――ぶれない理論家リュエフ

二つの大戦に挟まれたいわゆる両大戦間期は、政治、経済、社会のいずれを見ても、波乱と混乱に満ちた時代であった。リュエフは当時、まず国際連盟金融委員会の委員、次いでロンドン駐在財務官、最後に財務省資金局次長、同局長、さらにフランス銀行副総裁として、緊迫した内外の通貨問題の最前線で、厳しい現実と対峙していた。彼はその間も経済学とその隣接諸科学の研究をつづけ、経済学の古典理論を継承する第一級の理論家であると同時に新自由主義の理論家へと成長する。

リュエフは第二次世界大戦後に、危機に瀕したフランス経済ならびに国際通貨制度について大胆な改革提言を行い、行動的な経済学者として世界に知られるようになる。そうした彼の人生の後半を支えたのは、大戦間期における理論研究と実務経験によって磨きをかけられた彼の経済学であった。そこで本章では、実務家であると同時に経済理論家でもあるリュエフの行動と言説を時代の文脈のなかに位置づけて検証する。

第一節　金為替本位制

第一次世界大戦の勃発によって停止された金本位制の再建は、大戦後に各国が取り組んだ最重要課題の一つである。国民通貨と金との交換性の回復は、戦後に各国が見舞われたインフレを終息させ、国際貿易を復活させるうえで必要不可欠と見られたからである。だが金本位制をめぐる状況は一変していた。世界の物価は大戦前の水準を五〇パーセントも上回っていたが、金の供給量はそれに見合う増え方をしていなかった。しかも、金の大半は世界最大の債権国となったアメリカに集中しており、このアメリカはドルの金平価を据え置いたままであった。各国が戦前と同様の完全金本位制を復活させようとすれば、金の不足が生じることは明らかであった。そこで考案されたのが金為替本位制である。

金為替本位制とは、金との交換が保証された大国の国民通貨を準備として一国の通貨を発行する制度である。一九二二年に国際連盟の主催で開かれたジェノヴァ会議で、「金の不足を対外バランスで補う」という勧告がイギリスの主導で決議された。金為替本位制はこの決議にもとづいて、国際連盟金融委員会の指導により東欧諸国に導入された。ジェノヴァ決議は当初、何の問題も生じなかった。ところが英、独、仏三国の金本位制復帰が日程にのぼるや、大きな政治問題となる。イギリスが、独、仏が金本位制に復帰すれば金の不足が生じるとして、両国にたいしてポンドとドルを準備とする金為替本位制を採用するよう強く求めたからである。フランスはこの要求を、イングランド銀行の「帝国主義」であるとして拒否した。金本位制に復帰したイギリスの国民通貨ポンド――すなわち、イギリスの保有する金への請求権を意味するポンド為替――を準備として通貨を発行すれば、自国経済がイギリスの経済政策の影響をうけるからである。

しかし実際には、フランスはイギリスの要求を容れ、ドイツと同様、イギリスが金本位制を離脱する一九三一年九月までは事実上の金為替本位制にとどまった。フランス銀行の準備の三〇―五〇パーセントはフランス政府に移管され、ロンドンとニューヨークの二つの市場に預金もしくは財務省証券のかたちで、すなわちポンド・バランス、ドル・バランスとして置かれていたのである。(1) ロンドンで毎朝、市中の諸銀行に電話を入れて各銀行の金利を調べ、フランス政府のポンド資金を運用していたのは、ほかならぬロンドン駐在財務官リュエフであった。リュエフが管理する資金はシティの預金総額の一〇パーセントに相当していたことから、この地の銀行家で彼の名を知らぬ者はいなかったという。(2)

再建された国際通貨制度のもとで実施された政策も大戦前とは大きく異なっていた。英、米という新旧二つの大国は、古典的金本位制のルールから逸脱する政策を実施した。アメリカは、金の大量流入によって国内でインフレが進むのを怖れ、金で一〇〇パーセント保証された金券を発行することにより、インフレの進行を抑制しようとした。いわゆる「金不胎化政策」である。一方のイギリスは、イングランド銀行が中央銀行の伝統的な介入手段であった公定歩合の操作を公開市場操作に代え、金の流出が国内経済に及ぼす影響を中立化するようになる。同行は低迷する国内産業を支援すべく、一方で公定歩合を低い水準に固定し、他方で公開市場における買いオペによって通貨供給を増やす政策を実施したのである。この政策を支える理念は、やがてイギリス国内で公的な性格をもつようになる。イギリス財務省内に設置された通称マクミラン委員会が一九三一年にまとめた報告書では、金融政策の最終目標は物価の安定と輸出および雇用の促進であるとし、通貨発行を金準備から切り離すことが提案されている。この委員会ではケインズがしばしば議論を主導していた(3)。

英、米両国で採用された政策は、金の国際移動を人為的に操作し、金本位制のもつ自動調整機能を制限する点に特徴がある。それは通貨の安定ではなく物価の安定を、あるいは対外均衡ではなく対内均衡を、それぞれ目標としていたと言える。ところで、金本位制の働きを各国の通貨当局が管理するようになれば、国際間で摩擦や紛争が生じる。そうした事態はどのように回避もしくは解決されるのか。それは「中央銀行間協力」、すなわち中央銀行間での調整という方法によるしかない。アメリカが国際連盟に加盟しなかったこともあり、そうした調整の衡に当たるのは事実上イングランド銀行ということになる。フランス財務省はジェノヴァ会議以降におけるイギリスとイングランド銀行の行動の政治的含意を、このように読み解いていた。フランスは一九二〇年代末から三〇年代半ばにかけて、金本位制の管理に徹底して反対することになるが、それには、イングランド銀行からの圧力を撥ね退けて金本位制への復帰を果たした――ただしその実態は前述したように金為替本位制であった――のと同様、同行の「帝国主義」を許さないという政治的判断が働いていたのである。

以上のような一連の事象を通じて問われていたのは、金にもとづく通貨の発行と金の自由な国際移動という古典的金本位制を支える二つの原則である。この原則を継承すべきなのか、それとも、経済政策の自由度を高めるために通貨の発行を金による制約から外し、かつ金の国際移動を通貨当局の管理に委ねるのか、という問題であった。フランス（およびラテン系諸国）は前者、すなわち当時の用語で言えば「通貨正統主義」の側に立ち、英、米は後者、すなわち「修正金本位制」もしくは「管理金本位制」の側に立った。一方、理論面で前者の支柱となったのはリュエフであり、後者の支柱となったのはケインズである。ただし、リュエフ、ケインズともに、この問題をめぐって歴史の表舞台で争うことはなかった。

いずれにせよ、国際通貨制度が再建されたとはいえ、それは制度自体も制度の運用も大戦前とは大きく異なっており、その内部に深刻な緊張要因を抱えていたのである。

第二節　英仏「金会議」

フランスが金本位制への復帰を決めた一九二六年から、仏、英間で徐々に緊張が高まる。フランスが金本位制復帰に向けてポンド為替の購入を始めたが、そのことがポンドへの潜在的圧力となったのである。一九二八年にはフランの新しい金平価が、若き財務検査官リュエフによる調査と研究にもとづいて制定される。この新フラン（ポワンカレ・フラン）が実勢よりもいく分割安だったこともあり、フランスからの輸出は好調であった。また、大戦後に混乱をきわめていたフランスの財政も安定した。このため、フランは世界でもっとも安全な通貨と看做され、ロンドンからパリへの信用を介したポンド資金の移転が増え、パリへの金の流出も加速する。金の流出は、欧州諸国に大恐慌の影響が現れ始める一九二九年の年末から急増し、一九三〇年七月にパリは最初のゴールド・ラッシュに見舞われる。これ以後、イギリスのメディアはこぞって、世界の金を吸収し退蔵しているとしてフランスを非難するようになる。

一九三〇年の一月から二月にかけて、ポンドをめぐる危機的状況を打開すべく、パリで英、仏の財務当局者間で三度に及ぶ協議が行われた。この協議――通称「金会議」(4)――に向けて、ロンドンで情報の収集と分析にあたるとともに、フランスがとるべき対応についてパリの本省に進言したのは、ロンドン駐在財務官リュエフである。リュエフは当時、長文の覚書を頻繁に本省に送り、そのなかで両国間に生じた紛争を分析している。後段で詳しく立ち入るように、リュエフは同じころ、フランスへの金の流入を国際収支の側面から考察し、それが金為替本位制のメカニズムに由来しているとする、注目すべき結論を導いている。しかし金会議においては、彼は経済理論家であると同時に国益を代表する財務官僚の立場に立った議論を展開していた。それは次のようなものである。

イギリスの財務当局者たちは、金がパリに集中するのはフランスの金融制度の「非弾力性」に原因があると見ており、フランスに制度の弾力化を求めている。彼らは、とくにフランス銀行に公開市場操作が認められていないことを問題にし、フランス政府に二項目からなる対応を求めている。まず制度改革を行い、フランス銀行が公開市場に自由に介入できるようにする。次いでフランス銀行が大量の買いオペを実施してパリの市場金利を引き下げ、パリから国外への金の流出を促す。

こうしたイギリス側の主張を、リュエフは見当外れであるとして一蹴する。彼によれば、ロンドンから金が流出する原因は二つある。一つはイングランド銀行が実施している低金利政策である。この政策を止め、ロンドンの市中金利をパリよりいく分高めに維持すれば、ロンドンからパリへの金の流出は止まるはずである。ただしその場合には、ロンドンに集まっていた信用需要がパリに向かうことになり、ロンドンは世界の金融センターとしての地位を失う。実は、イギリスはそうした事態を避けようとして、「自分たちが為替防衛に必要な信用制限をしなくてすむような諸措置を講じるよう、フランスに求めているのである」。原因のいま一つは失業保険制度である。この制度によって、イギリスは「賃金を一般物価水準のあらゆる変動から独立した絶対不変の水準に固定してしまった」(5)。その結果、イギリス産業は市場を失い、不況に陥っているのである。

イギリス側の要求の眼目をなす公開市場操作については、リュエフは強い言葉を使ってこの要求を拒否している。ロンドンで財務次官補ラルフ・ホートレーとの間で交わしたやりとりについて、彼は本省にこう報告している。

われわれの回答にたいするイギリス側の回答は、基本的に次のような主張にもとづいている。パリ市場には再割引用のストック〔証券類〕がきわめて不十分な額しか存在しない。したがって金を解き放つ唯一の手段は、フランス銀行の借方の金ストックを他の資産——事実上、国債——に置き換えることである。私は彼に、それは国家の信用を保証する証券〔国債〕の発行という、非常に恐れられており、〔実際〕非常に恐ろしい政策に帰着すると忠告した。彼は、アメリカもイギリスもそうしていると述べた。私は彼に、あなたの考えは発券銀行の全政策、とりわけ自動調整性——私には、それは過ちにたいする唯一の安全装置のように思われる——を問題にすることになると、きっぱりと忠告した。(6)

以上のようなリュエフによる分析は、フランス財務省とフランス銀行によって共有されることになる。かくて、金をめぐる英仏対立の根源は、金本位制のもつ自動調整機能を認めるのか、それとも否定するのか、という原則のレヴェルにあったことになる。また一方で、この対立には、パリがロンドンに代わって国際金融センターになるのを容認するのか、それともそれを阻止するのかという、水面下における英仏間の政治的確執も絡んでいた。

仏英間の主張の隔たりはあまりに大きく、パリで行われた交渉でも両国は折り合うことができなかった。結局、イギリスからの金の流出は止まらず、この国は一九三一年九月に金本位制から離脱する。これによりポンドは一挙に二五―三〇パーセントも減価し、それにともない世界の原料品価格が暴落する。デフレは世界中に広がり、不況は一挙に世界化する。

第三節　一九三〇年代の大不況と国際通貨制度問題

大不況の原因は金為替本位制にある

イギリスが金本位制を離脱した直後の一九三一年一〇月、リュエフは財務大臣に宛てた覚書のなかで、世界全体が陥っている不況の原因について理論的な考察をこころみている。

彼はまず、貨幣面から見れば、不況は「国際連盟金融委員会の肝いりで欧州の多数の国に導入された金為替本位制と呼ばれる国際通貨制度に大きな責任がある」と断じる。そして、金為替本位制の仕組みを分析し、この通貨制度に重大なリスクが潜んでいることを明らかにする。同様の分析は彼が一九三二年三月にパリで行った講演でもなされており、この講演原稿は同年四月に『両世界評論』誌に掲載され、さらに同年刊行の講演集に収録された(7)。そこでリュエフが展開した議論は次のようなものである。

金為替本位制のもとでは、各国の中央銀行は自国通貨建て債権のほかに、信用を介して自国内に流入した外貨（ドルとポンド）の保有を許されている。この外貨は中央銀行の準備に繰り入れられるものの、通貨そのものはニューヨークとロンドンに送られ、その多くはその地の金融機関に預金される。それゆえアメリカとイギリスは、同じ通貨を再度、国外に貸し出すことができる。貸し出された通貨は再びニューヨークとロンドンに預金として戻ってくるから、両国は同じ通貨を何度でも外国に貸し出すことができる。リュエフはこの貸し出されたドルとポンドを、「さながら喜歌劇《オペラ・コミック》の舞台にくりかえし登場する兵士のようだ(8)」と評している。ちなみに、前節で述べたように、リュエフは当時、ロンドン駐在財務官としてシティでこの預金（ロンドン・バランス）の管理と運用にあたっていた。

このように、アメリカとイギリスから貸し出された資本は両国内に預金されて新規の信用創造の準備となるから、両国内の総購買力が削減されることはない。実際はその反対である。国外への貸出し額やその回数が増えればニューヨーク市場とロンドン市場における預金量は増え、それにともない信用創造も増える。それゆえ両国における総購買力は増大する。一方、アメリカとイギリスから資本を受け入れた国では流動性が増え、それらの国でも総購買力が増大する。かくてリュエフによれば、金為替本位制は「恐るべきインフレ発生装置(9)」となる。同じく彼によれば、一九二九年恐慌前夜に世界的なブームが発生したが、その貨幣面における原因は金為替本位制にあり、また一九三〇年代に崩壊した国際通貨制度は金本位制ではなく金為替本位制であったということになる。

リュエフは第二次世界大戦後に、ドルおよび国際通貨制度の危機にたいして独自の診断を下し、世界の注目を浴びる。その際、彼の主張を理論面から支えたのは、彼が一九三〇年代初頭に発見した以上のような金為替本位制のメカニズムである。

孤立するフランスと通貨正統主義の破綻

先述したように、イギリスの金本位制離脱によってデフレが世界化する。なかでもその影響を大きくうけたのはアメリカである。なぜなら、農産物価格が暴落し、この国の農業者が負っていた多大の負債が返済不能になったからである。一九三三年四月、アメリカ大統領フランクリン・ローズヴェルトが国内物価の引上げを目的として金本位制を停止する。その一カ月後に、世界経済の再建をめざして世界経済会議がロンドンで開かれたが、この会議も失敗に終わる。この時、フランスは金本位制を防衛すべく、周辺のラテン系諸国とともに金ブロックを結成する。だがそのために、フランスは保護貿易とデフレ政策の強化を余儀なくされた。金本位制にとどまるというこの国の政治的意思と、この国が採用した経済政策とは明らかに矛盾していた。金本位制の防衛とは名ばかりのものだったのである。

一九三四年二月に、アメリカが金一オンス＝三五ドルの新たな公定相場で金の買上げを再開すると、局面が大きく変わる。金ブロック諸国の通貨が国際投機の標的となり、これらの諸国から大量の金が流出するようになる。その原因は英、米両国間で繰り広げられた為替戦争にあった。アメリカは国内物価の回復に有害なドル相場の上昇を嫌う。一方のイギリスは、ポンドを「あるべき自然の状態」に維持しようとしてポンド相場の上昇を阻止しようとする。その結果、イギリスの為替平衡勘定とアメリカの為替安定基金が相互に逆方向から市場に介入することになる。これが為替戦争である。金ブロック諸国の通貨は金でドルと結合していたから、イギリスの為替平衡勘定が介入するたびにポンド圏からの輸出品の金表示価格は下がる。その結果、金ブロック諸国の対ポンド圏貿易の赤字が拡大し、国際収支の不均衡が拡大して金が流出したのである。

アメリカが金の買上げを再開して以降、フランはドルとポンドという二大通貨の間で端役を演じるだけとなった。英、米間の為替戦争はアメリカで物価が上昇局面に入らない限りつづく。フランスはその間、保護貿易とデフレ政策を維持しつつ、アメリカで物価が上昇するのを待つしかなかった。しかし一九三五年に入ると、フランスにおけるデフレ政策自体が限界に近づく。もはやこの国にはフランの切下げ、もしくは為替管理以外に政策選択の余地がなくなる。

リュエフは当時、財務省資金局の国際金融担当次長の役職にあったが、その彼もフランの切下げやむなしと考えるに至った。フランスとリュエフが拠りどころとしてきた通貨正統主義は事実上、破綻したのである。ところが、フランスの国論は依然として金本位制維持で強固にまとまっていたから、時の政権（中道政権）にはフランを切り下げることができない。そうかといって為替管理を選択するわけにもいかない。フランスとヒトラーのドイツとの間で軍事緊張が高まっており、ひとたび戦争となれば、第一次世界大戦時と同様、自由為替制度をとる英、米両国に巨額の金融支援を求める必要があったからである。

膠着した状況を一変させたのは労働者、とくに組織労働者の政治的行動と政治権力の交代である。デフレが深刻化するなかで、反恐慌、反ファシズムを旗印に掲げる人民戦線の運動が労働者および知識人の間に浸透し、この運動体が一大政治勢力となる。一九三六年五月に行われた総選挙では人民戦線が勝利し、社会党の党首レオン・ブルムを首班とする左翼政権が誕生する。(10)

フランスの金本位制停止と人民戦線政府の資金局長リュエフ

人民戦線が総選挙で勝利するや、労働者によるゼネストと工場占拠がフランス全土に広がる。

ブルム政権はこの騒然とした状況のなかで発足した。それだけに、同政権はデフレで苦しむ労働者と農民に配慮した政策を実施せざるを得ない。この政策には巨額の財政支出が必要であり、金本位制を維持するのは難しい。だからといって金本位制を離れれば、英、米両国との政治的関係に亀裂が入る。人民戦線政府は発足して早々、深刻なジレンマに陥った。

政府はしかし、英、米、仏三国間で通貨協定を結び、その枠組みのなかでフランを切り下げるという方法によって、このジレンマからの脱出に成功する。一九三六年九月に三国通貨協定が締結され、この協定にもとづいて翌一〇月にフランが切り下げられた。それとともにフランスは金本位制を停止した。次いで為替安定基金が創設され、この基金がフラン相場の安定を図るために市場に介入することになる。

一九三八年六月には新法が制定され、フランス銀行の業務に公開市場操作が加えられた。一九三〇年の英仏「金会議」の際に、リュエフが厳しく批判したこの政策手段がフランスでも法認されたのである。ただしこの法律には、「これらの業務を国庫ないしは通貨機関の利益のためになすことはできない」という条項が挿入されていた。フランス銀行の法定理事を務めていたリュエフも、同行の理事会でこう発言している——買いオペが国債発行を助長してインフレを惹起することのないよう、「公開市場政策は常に不人気なやり方で実施されねばなりません」(11)。つまり、公開市場操作は緊縮政策の手段として用いるのはよいが、金融緩和の手段として用いてはならないというのである。かくて、新法が制定されても、フランス政府とリュエフの原則的な立場に変わりはなかった。

とはいえ、金本位制をあるべき唯一の通貨制度としてきたフランス政府の立場と経済理論家としてのリュエフの主張が、一九三一年以降、次々と新たな現実によって乗り越えられ、政府もリュエフもこの現実に適応することを余儀なくされたことは明らかである。

ところで一九三六年一一月、リュエフは財務省資金局長に任命された。資金局長とはフランスにおける経済・財政運営の最高の実務責任者である。いかにリュエフが卓越した経済理論家であり、有能な官僚であったにしても、左翼政権が彼をこのような要職に就けたことには違和感を覚える。当時のフランスの経済社会のありよう、ならびにリュエフの言動を重ね合わせるとき、いっそうその感がある。

まず、問題になるのは当時のフランスの経済社会である。一九三〇年代に入ってから、フランスでは経済社会の組織化、なかでも労働組合、使用者団体に代表されるさまざまな職業団体の組織化が急速に進んだ。それと同時に、これら団体の社会的・政治的発言力も著しく増した。一九三五年三月に下院に上程されたある法案の報告書には、次のような記述がある。「今日のフランスの現実はコーポラティズム一色である。それはサンディカ〔職業別の組合〕である。それは生命をもった勢力であり、……」[12]。こうしたコーポラティズム型社会への進化と軌を一にして、フランスでも「自由主義の死」や「自由主義の終焉」が公然と語られるようになり、自由主義者は少数派へと後退していた。

ところがリュエフは、そうしたなかにあっても、機会を見ては経済的自由主義を称揚する講演活動を行い、間接的に政府の保護主義的政策を批判していた。一九三三年二月にソルボンヌで開かれた「平和大学」で講義をした際には、農業大臣からリュエフの罷免を求める文書が首相を含む閣僚たちに配布されるほどであった[13]。

では、なぜブルム政府は自他ともに認める「非同調者《ノンコンフォルミスト》」リュエフを資金局長に据えたのか。いくつかの理由が考えられるが、ごく簡単に言えば、こうである。同政府がアメリカのニューディールの影響をうけていたと言われるように、その政策は基本的に自由主義を前提とする介入政策であった。また、同政府は英、米との外交関係を重視していた。隣国ドイツとの軍事的緊張が日増しに高まっていただけに、フランスは経済と通貨の両面で英米にたいして国境を閉ざすわけにいかなかった。要するに、人民戦線政府の性格ならびにフランスの置かれた国際的位置づけから、資金局長人事においては、イデオロギーの違いは第二次的な意味しかもたなかったということになる。

しかし、資金局長時代のリュエフは歴史にその名を刻むような実績を残せなかった。開放経済を維持したまま、労働者・農民に配慮した経済政策（賃上げ、公的資金による小麦の買上げ、等々）と再軍備政策が進められたことから、財政は大幅な赤字を記録し、早くも一九三七年には経済は激しいインフレに見舞われる。日々の財政支出が税収の入りを上回る状態が常態化し、資金局は資金繰りに追われる。資金繰りが行き詰まると、中央銀行からの借入れで糊塗する。こうした危機的な財政状況を背景に、投機的資本の国外流出が止まらない。そのために、第二次世界大戦の開戦までにフランはさらに二度切り下げられる。

資金局長リュエフに課せられた最大の責務は、歳入に欠陥が生じるたびに、採るべき政策の選択肢を政府に提示することであった。しかし、彼が用意した選択肢はいずれも破局を一時的に先送りする類いのものでしかなかった。後年、リュエフは当時を回想し、おおよそ次のように述べている。(14) 人民戦線政府が躓いたのは、財政収支を最終的に均衡させるための「全体プラン」を用意できなかったことにある。自分は一九五八年にドゴール大統領のもとで財政改革案を策定し、「奇跡」と評されるほどの成功を収めるが、その折の改革案、すなわち「全体プラン」は人民戦線時代の苦い経験がもとになっていた。

この章を終えるに当たり、後につづく諸章とのかかわりで三点を指摘しておきたい。

第一に、金本位制についてのリュエフの理論的主張は、足元のフランスにおける組織労働者の行動と、それにもとづく左翼政権の政策選択によって、最終的に葬られてしまった。社会と政治が経済学にたいしてもつ重要性については、すでにトランスファー論争のなかでケインズが強調していた。リュエフはようやく一九三六年になって、ケインズが提起した問題の重みを、身をもって知ることになったのである。

第二に、とはいえ、次の第五章で明らかになるように、そのことによって、ミクロの調整を理論ならびに政策論の中核に据えるべきだとする彼の基本的立場はいささかも揺るがなかった。

第三は、第一と第二からの帰結である。リュエフは資金局長在任中から、相互に連関した二つの方向へと研究の重心を移していく。一つは、貨幣理論から社会哲学への研究の重心の移動であり、それは一九四五年に大著『社会秩序』として結実する。いま一つは、自由主義を、ケインズと同じく短期の必要をも射程に入れた、二〇世紀の現実（なかでも組織労働者の要求運動）に対応し得る自由主義として再構築することであり、そのために自由主義を再定義することである。その成果は早くも一九三八年に「新自由主義」の理論となって現れる。この再定義された自由主義の枠組みのなかで、リュエフは価格メカニズムと両立し得る国家の介入のあり方を追究する。リュエフの比喩を借用すれば、重力があるなかで飛行機を飛ばすための技術の開発である。

註

（1）権上康男『フランス資本主義と中央銀行——フランス銀行近代化の歴史』東京大学出版会、一九九九年、三四、七八頁、を参照。

（2）J. Rueff, *Les fondements philosophiques, op. cit.*, p.500.

（3）Committee on Finance and Industry, *Report : presented to Parliament by the Financial Secretary to the Treasury by command of His Magesty*, June 1931, London, H.M.S.O., 1931.（加藤三郎・西村閑也訳『マクミラン委員会報告書』日本経済評論社、一九八五年。）Id., *Minutes of Evidence taken before the Committee on Finance and Industry*, 2 vols, London, H.M.S.O., 1931.（西村閑也訳『マクミラン委員会証言録抜粋』日本経済評論社、一九八五年。）

（4）金会議については、権上『フランス資本主義と中央銀行』（前掲書）三九—四八頁、を参照。

（5）Archives économiques et financières (AEF), B31851, note de Rueff, 17 février 1931.

（6）AEF, note de J. Rueff, 5 février 1931; 権上『フランス資本主義と中央銀行』（前掲書）四四—四五頁。

（7）Jacques Rueff, « Défense et illustration de l'étalon-or », *Revue des deux mondes*, 12 avril 1932 ; du même, *Les doctrines monétaires à l'épreuve des faits*, Paris, Alcan, 1932. Cf. J. Rueff, *Le péché monétaire de l'Occident*, Paris, 1971, Plon, pp.14-18.（ジャック・リュエフ著／長谷川公昭・村瀬満男訳『ドル体制の崩壊』サイマル出版会、一九七三年、二六—三〇頁。）

（8）J. Rueff, *Le péché monétaire, op. cit.*, p.17.（前掲邦訳、二八頁。）

（9）*Ibid.*, p.18.（前掲訳書、二九頁。）

（10）以上については、権上『フランス資本主義と中央銀行』（前掲書）四八―七〇頁、を参照。

（11）同右、二〇五頁。

（12）*Journal officiel, Doc. Parl., Chambre des députés*, n°3813, 5 juillet 1934; 権上康男「フランスにおける経済社会の組織化とコルポラティスム」権上康男・廣田明・大森弘喜編著『二〇世紀資本主義の生成――自由と組織化』東京大学出版会、一九九六年、六二頁。

（13）*OCJR*, I, p.114.

（14）「全体プラン」の具体的な内容については本書、第十一章（二一八―二〇頁、ほか）を参照。

第五章　一般理論にあらざるケインズの『一般理論』

一九三六年にケインズが『雇用、利子および貨幣の一般理論』を出版する。リュエフは当時、財務省資金局長の要職にあり、人民戦線政権のもとで厳しい財政運営に忙殺されていた。彼はようやく一九三九年九月に資金局長の激務から解放される。しかしそれも束の間、フランスが第二次世界大戦の緒戦でドイツに敗北したために、公職を辞し寒村に引きこもることを余儀なくされる。そしてドイツ占領下の四年半余りの間、不遇な日々をライフワークとなる『社会秩序』の執筆に充てた。この著作は一九四五年に二巻本の大著として出版される。

リュエフが『一般理論』に正面から向き合えるようになるのは、戦後の混乱が収まりかけた一九四七年のことである。このときまでに、ケインズ理論は戦後の西側諸国（西ドイツを除く）の「バイブル」となり、政策当局者たちはこぞってこの「宗教」[1]に改宗していた。これらの国では、ケインズ理論を拠り所に、完全雇用が戦後政策の中心的な目標に据えられる。国際連合にも経済雇用委員会が創設される。リュエフは、ケインズ理論の心酔者が多数を占めるこの委員会にフランス政府代表として送り込まれた。

フランスでは一九四二年に『一般理論』の仏語訳が出版されたこともあり、ケインズ理論はすでに大戦中から、ヴィシー政権の官僚やレジスタンス運動の活動家たちの間で知られていた。大戦が終結し復興が最優先の政策課題になるや、この理論は経済・財務官僚や経済学者たちの間で救世主のような扱いをうける。当時の熱狂ぶりを伝える文書が残されている。一九四五年三月、戦後フランス経済学会の重鎮フランソワ・ペルーが主宰する研究会でケインズ理論に関する報告が行われた。その報告原稿はペルーから財務省国庫局（旧「資金局」）とフランス銀行総務局に届けられるが、原稿に付されたペルーの添書きには次のように記されていた。「応用範囲の非常に広いケインズ理論は、フランスの経済思想のなかに未だ定着していない。……古典理論は〔戦後フランスのような〕不完全雇用経済のもとでは利用価値がない。反対にケインズ理論は、発展、成長、好景気の理論である(2)」。ここで注目すべきは、ケインズ理論がすでに雇用の理論としてだけではなく、「発展、成長、好景気の理論」として理解されていたことである。

リュエフは一九四七年初頭に、ケインズ主義一色に塗りつぶされた時流に抗って、論文「ケインズ卿の一般理論の誤り(3)」をフランスの経済理論誌に発表した。ケインズはその前年に没しており、彼自身による「回答」の機会はすでに失われていた。代わりにリュエフ論文に「コメント」をこころみたのは気鋭のケインジアン、ジェームズ・トービンである。

第一節　ケインズ卿の一般理論の誤り

無視された「通貨の調整現象」

リュエフによる『一般理論』批判は多岐にわたるが、主なものは三つある。なかでもその中心に位置するのは、ケインズが「貨幣の調整現象」ないしは「貨幣の調整メカニズム」を無視しているという批判である。後段で明らかになるように、貨幣の調整現象とは、貨幣で表示された需要の総体（総需要）は、価格、金利および為替の変動を介して、貨幣で表示された供給の総体（総供給）に調整され、均衡が成立するメカニズムのことである。それはジャン＝バチスト・セイの販路の理論に通じるものがある。リュエフによれば、これこそが「貨幣理論全体の隅の首石」なのである。彼は一九二七年に出版した『貨幣現象の理論』において、このような物理学の法則にも匹敵する厳格な法則が存在することを、理論と実証の両面から検証していた。さらに、彼は前述した『社会秩序』のなかでこの理論をより洗練されたものに練り上げ、自身の経済学の要に位置づけることになる。

ケインズは『一般理論』の「緒論」の第三章で自らの理論を簡潔に整理している。リュエフはこの部分の抜粋を引用し、ケインズ理論を次のように要約する。「ケインズの分析は生産従事者たちの不十分な消費性向という心理仮説に全面的に依拠している。この仮説によれば、雇用増によって生じる所得の増加は、その増加分以下しか消費財需要を増やさない。所得が消費財需要を生まず、政府が所得と同額の投資支出をしないなら、雇用増から生じた生産の増加分には買い手がつかないことになる。……生産と、その購入を可能にする所得がともに制限されることから、不完全雇用のまま均衡状態が定着する(4)」。

このケインズの分析をリュエフは誤りであると断じる。理由はこうである。雇用増の恩恵に浴した労働者が所得の増加分の一部しか消費財の購入に充てないとしても、彼は代わりに貨幣を手に入れる。この現金への追加需要は、価格メカニズムを介して調整され、消費財や投資財にたいする需要に姿を変える。つまり、労働者が手にする貨幣は、ケインズの言うような流動性の選好によって退蔵されるわけではない。かくて、現金への追加需要は労働力にたいする販路を形成するから、不完全雇用が永続することはない。

そこで問題になるのは価格による調整のメカニズムである。リュエフは最初に、論点を分かりやすくするために、金だけが貨幣として使われる社会を例にとる。このような社会で雇用増が生じると、その恩恵に浴した労働者の「手持ち現金《アンケッス》」が増える。ここで手持ち現金とは、個人（一般人および企業）が日常生活もしくは営業活動を継続するために手元に置いている貨幣、すなわち現金および銀行預金残高（今日の用語で言うM1）のことである。(5)

すべての条件、なかでも社会の他の構成員が望む手持ち現金の額に変化がないと仮定すれば、当該労働者の手持ち現金が増えたことにより、社会の他の構成員たちの手持ち現金は減少する。彼らが手持ち現金を以前の水準に戻そうとすれば、財貨を一方的に市場に供給する以外に方法がない。財貨供給が増えれば物価は下落する。この社会では金が貨幣として使われており、金は中央銀行によって平価で買い上げられるために、金の価格だけは変動しない。このため、価格が下落した財貨の生産に充当されていた生産能力は、価格に変化のない財貨、すなわち金の生産へとシフトする。その結果、金以外の財貨の生産は縮小し、金の生産が拡大する。以上のようなメカニズムを介して、物価は元の水準に戻り、金の価格と他の財貨の市場価格との関係も元に戻る。かくて、投資財および生産財の需要不足によって雇用増が妨げられることはない。

次にリュエフは、一般的な通貨制度（不換紙幣制度、貴金属本位制、商業手形の割引を介して通貨が発行される制度）が採用されている社会をとりあげる。この場合にも、労働者の手持ち現金が増えると、他の人々の手持ち現金が減少する。後者は自らの手持ち現金を元の水準に戻そうとして財貨や債権を売却する。すると一般物価が下落し、金利が上昇する。ここで重要なのは、物価の下落と金利の上昇が分かちがたく結びついているという事実である。なぜなら、物価が上昇すると、次のような裁定が行われるからである。まず、現金市場で財貨を買い、先物市場でそれを売却しようとする人が増える。その際、手形が振り出され、その割引にたいする需要が増えるために、市中金利が上昇する。市中金利はやがて中央銀行の割引歩合（公定歩合）を超えるようになる。すると、手形は割引のために中央銀行に持ち込まれ、通貨発行が増える。この増発された貨幣によって、追加的に生産された財貨に販路が生まれる。かくて一般的な通貨制度のもとでも、調整が物価と金利の変動によってなされるために複雑になるという違いはあるものの、基本的に同じメカニズムが働いている。

以上に紹介したリュエフの議論では、貨幣への需要が増えると貨幣の調整現象によって通貨の供給が増え、通貨の総需要と総供給は一致することになっている。ただし、それには、通貨の供給量は手持ち現金にたいする需要によって決まるという前提がある。手持ち現金をどう使うかは個人であって公権力ではないから、経済のダイナミズムは手持ち現金をめぐる個人の行動に依存する、つまりミクロ・レヴェルの調整に依存することになる。

さらにリュエフは、調整のメカニズムは理論レヴェルにとどまらず、大戦前に実在したほとんどすべての経済制度のもとで確認できたと言う。彼によれば、物価は自律的に変動しており、生産要素の配分に効果的に作用していた。また、金の生産にはブーム期と不況期とで大きな違いが見られたが、それは物価変動にたいする生産装置の感度が高かったことを雄弁に物語るものである。

なぜ「貨幣の調整現象」が無視されたのか

では、なぜケインズは貨幣の調整現象を無視する誤りを犯したのか。リュエフは根本的原因として二つをあげる。一つは、ケインズが貨幣名目説の影響をうけていることである。ケインズにとっては「貨幣や債権は価値の空の標章《シーニュ》」でしかなく、「貯蓄することは何も需要しないこと」である。しかしリュエフによれば、貨幣や債権を蓄積することは「貨幣や債権が代表している価値を需要すること」であり、「保有する現金を減らすことはその価値を手放すこと、つまり市場に放出すること」である。よってケインズは「価格メカニズムの理解にとって本質的で不可欠な現象である調整現象」を無視している。

いま一つの原因は、一方の個人の手持ち現金の総額と、他方の流通している通貨の額との間に特別な関係があることに、ケインズが気づいていないことである。この問題をめぐるケインズとの理解の違いを、リュエフは次のように説明する。ケインズ理論では、「銀行システムが創造した通貨の量は与件であり、個人の手持ち現金の総額はそれに〔一方的に〕適応するものとされている」。また、「流通中の通貨の量は通貨当局によって自由に決められる与件であり、市場の需要は関係ない」とされている。しかし、「私〔リュエフ〕は反対に、個人が望む手持ち現金の額こそが調整メカニズムによって流通中の通貨の量を決めているのである、と確信している」(6)。

リュエフは自らの主張を補強するために、こう問いかける。「通貨問題をじっくり考えたことのある人のうち、今日どれだけの人が、中央銀行が流通中の通貨量を決めていると考えるであろうか」。さらにリュエフはこうつづける。「近くからであれ、遠くからであれ、中央銀行の運営に目を見開いて携わった者なら誰でも、公開市場操作で金利を引き下げられても、流通中の通貨の量は直接変更できないことを知っている」。かくて彼はこう結論する。「ケインズ卿の根本的な誤りは、貨幣のメカニズムに関するまったく表面的な理解から生じているように、私には思える」(7)と。リュエフは後年(一九七二年四月)、フランス財務省内で行った講演でミルトン・フリードマンのマネタリズムについて論じているが、そこでも、「マネー・サプライは直接管理できるものではない」(8)ことを力説している。

リュエフは人民戦線政権のもとで、財務省資金局長として、深刻な財政危機およびインフレと身を挺して戦っていた。また、彼がフランス銀行の副総裁だった対独開戦前夜・開戦直後には、現金にたいする需要が爆発的に増大し、現金の不足から同行の窓口の閉鎖すら検討せざるを得ない危機的状況に立ち会っていた。近代において深刻なインフレを経験したことのない英、米両国の経済学者たちとは違い、リュエフは理論だけでなく自国の歴史や自らの実務経験に照らしても、流通中の通貨の量は管理できないと考えていたのである(9)。

ともあれ、貨幣の調整メカニズムの存在を認めるなら不完全雇用のままで均衡が成立することはあり得ないことになり、ケインズ理論は崩壊する。以上がリュエフによる『一般理論』批判の第一である。

ブロックされた経済、有効需要の創出

リュエフによる『一般理論』批判の残る二つに移ろう。その一つは、ケインズ理論は価格と生産手段が厳格にブロックされていることを前提にしているというものである。ケインズ自身はこうした前提条件の存在に触れていない。しかしリュエフは、それなしには理解できない記述が各所に見られるとして、具体的にその箇所を引用する。そして、そうした条件を前提とするのであ

れば、失業問題の解決法のなかに「経済的硬直要因の除去」という選択肢を含めるべきであったと言う。リュエフは、ケインズが前提条件に触れないのはそうした対処法のあることを認めたくないからだ、と暗に仄めかしているのである。というのも、ケインズが、先に引用したリュエフ宛の書簡（一九三二年五月二〇日付）に、「われわれは柔軟性を当てにせずに機能し得る装置を構築しなければならない」（傍点は引用者）と記していたからである。

残るいま一つの批判は、ケインズ理論から導かれる失業問題への政策的対応、すなわち公共投資による有効需要の創出に向けられている。リュエフによれば、失業を目に見えるかたちで減らすには赤字公債を発行し、大規模な公共投資を行うしかない。だからそうした政策を実施すればインフレとなり、「全般的な経済的・社会的混乱」が生じる。この政策が長期間つづけば、やがて個人の自由を制限せざるを得なくなり、「ヒトラーが発明した経済体制」に行き着く。かくてリュエフによるケインズ批判の文脈に即して言えば、ケインズは経済学に革命を起こした経済学者ではなく、人々から自由を奪うことに手を貸そうとした経済学者だということになる。あるいは、リュエフの科学方法論に登場する用語を借用すれば、ケインズ理論は、戦時経済のような価格と生産手段の移動がブロックされた経済のもとでしか「ユークリッド的」ではないことになる。

トービン／リュエフ論争

ところで、以上のようなリュエフによる『一般理論』批判にたいして、トービンが「コメント」[10]を執筆し、そのなかでいくつかの疑問を提示している。なかでもリュエフによる三番目の批判に向けられた疑問は興味深い。そうした疑問はトービンに限らず、他のケインジアンや各国の政策当局者たちも共有していたと考えられるからである。

トービンは、リュエフが赤字公債による投資をケインズ理論の重大な難点と看做していることに、こう疑問を投げかける。リュエフによれば、政府投資によって経済を不況から脱出させようとしても、インフレに見舞われるか、ヒトラー体制に行き着くか、の「残酷な二者択一のジレンマ」しかない。しかし、民間投資であれ政府投資であれ、投資が行われるなら消費者や企業家の資産ストックは増え、彼らの消費性向は高まる。資産の増加はリュエフが重視する個人の現金ストックを増やしてくれる。さらに言えば、そもそも一般人には、自由な市場機能によって創造された「嫡出の《レジティーム》」ドルと、赤字公債の発行に由来する「非嫡出の《イレジティーム》」ドルを区別することなどできない。

これらの疑問にリュエフは次のように答える[11]。自由な市場機能によって創造された通貨は、市場が必要とする量を超えると、金利が下がり物価が上昇することによって、流通から引き揚げられる。しかし、赤字公債の発行によって創造された通貨についてはこうした調整のメカニズムが働かず、インフレが避けられなくなる。それゆえ、一般人はともかく、経済学者は「嫡出」と「非嫡出」の二種類の通貨を厳格に区別しなければならない。

とはいえ、雇用の増加によって所得が増えればたしかに公的債務の返済に必要な資金は増える。リュエフはこの点について、仮に投資額に等しい富が生産されたとしても国庫に入るのはこの富の一部にすぎないと述べ、自説を補強している。当時、ケインズ理論の登場により、財政は中期において均衡すればよいとする赤字公債への楽観論が政策当局者たちの間に広がっていた。リュエフはこの風潮に警鐘を鳴らしたのである。

以上のように、リュエフは『一般理論』を全面的に否定する。彼によれば、この理論が当てはまるのは、価格メカニズムと生産手段の移動がブロックされ、経済が物価と金利の変動にまったく反応しない特別な場合だけである。それゆえ『一般理論』は「一般理論」の名に値しない(12)。とはいえ、失業救済策としてのケインズ理論はすでに多くの国で受け入れられており、それは「経済学の枠を超えて正真正銘の統治の手段になっている」(13)。こうした現実を知っていたために、リュエフは自らの論文を次のような終末論的な予言で結ぶ。

次に不況期がやってくれば、ケインズ卿が提案した政策が全世界で実施されるであろう。私は臆することなく断言する――この政策は失業をわずかしか減らせないが、それが実施された諸国に深刻な影響が現われるであろう。こうして生じる経済的混乱によって、個人からの自由の全面的剝奪を土台とする、戦時体制に似た、全般的計画化体制が世界中で再構築されるであろう。

ケインズ卿のせいで、おそらく次の循環は、ある人たちが期待し、別の人たちが怖れるような、大きな政策転換の機会になるであろう。いずれにせよ、誤った理論にもとづいた対策が講じられれば、意図とはまったく異なる結果が生じるであろう。対策に効果がなければ、世論の大半は、それを新たな根拠にして、自らを裏切って自滅する体制の交代を求めるであろう。(14)

近年、西欧諸国における第二次世界大戦後の経済史研究は進みつつある。その成果に照らすなら、リュエフの分析は概ね正鵠を射ていた。イギリス政府もフランス政府も、景気の下降局面では公共投資と金融緩和によって景気の浮揚を図り、弱い通貨のもとで成長を持続させようとした。この政策は労使の対立を緩和し社会平和を維持するには有効であった。しかし、それは財政赤字と国際収支赤字の拡大、次いで通貨不安をもたらし、やがて政府は引締め政策に転じることを余儀なくされた。いわゆる「ストップ・アンド・ゴー」である。さらにこの政策も行き詰まると、政府は通貨の切下げという最終手段に訴えた。後段（第十一章）で詳しく紹介するように、一九五〇年代末にこうした常套的な政策諸手段を使い尽くしたフランスでは、シャルル・ドゴール大統領の権威のもとに、リュエフの提言にもとづく新自由主義的財政構造改革が実施され、大きな成功を収めている。ともあれ西欧諸国では、ケインズ主義的政策は理論通りには行かなかったのである。[15]

第二節　ケインズ時代の終焉

一九七〇年代に入り、ブレトンウッズ固定相場制が崩壊し、さらにそれと踵を接して第一次石油危機が発生する。それを契機に、西欧諸国は軒並み不況に見舞われた。各国政府はこのとき、リュエフが予言したとおり、「景気浮揚」の名のもとに一斉にケインズ主義的拡張政策を実施した。しかし、この政策は景気回復をもたらすどころか、インフレと不況が併存するスタグフレーションを惹き起こした。ケインズ政策は経済社会を破壊するリスク要因と化したのである。

図3　フランスにおける失業の変動(1963-75年)

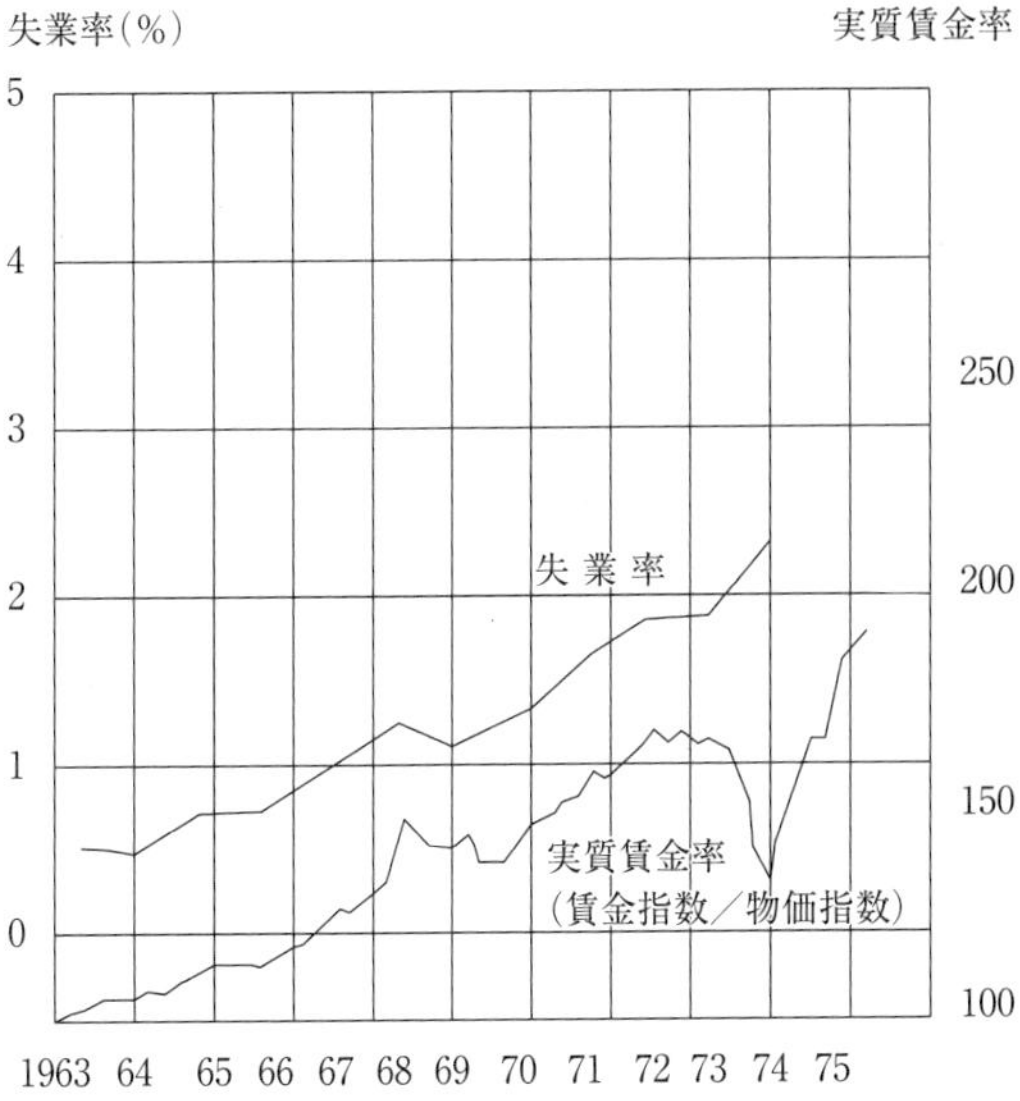

出所)*OCJR*, Ⅲ-1, p. 168

リュエフは一九七五年の年末に、時節到来とばかりに、論文「ケインズの時代」をパリ経済研究所の機関誌に発表する[16]。翌一九七六年一月、彼はこれと同内容のものを、パリで開かれたモンペルラン協会の年次総会で報告する。さらに、「ケインズの時代」は「ケインズ時代の終焉」と表題を変更し、高級夕刊紙『ル・モンド』と英字誌『ユーロ・マネー』の、それぞれ一九七六年の二月と四月に転載された。

リュエフは「ケインズ時代の終焉」で、一九二五、一九三一、一九四七の各年に発表した自身の論文の内容を簡潔に紹介するとともに、新たに二つの主張を展開している。

第一に、一九六三―七五年（インフレ期）のフランスにおける実質賃金率と失業率の推移を二本の曲線（図3）で示し、次のように主張する。二本の曲線の間には一九二〇年代（デフレ期）におけるイギリスと同様の相関関係が見られる。一九七三年九月―七四年九月に相関関係に乱れが生じているが、これは第一次石油危機による経済混乱を反映したものだと考えられる。かくて失業の原因を実質賃金の上昇に求める自分の失業学説は、国の違いも経済の変動局面の違いも問わず確認できる「一般法則」である。

リュエフが論文で展開した第二の主張は、ケインズ理論が広く支持されるようになった理由に関するものである。ここでは、彼は二つの点に注目する。一つは、労働者が実質賃金ではなく名目賃金の低下に敏感に反応することに着目し、それを理論の基礎においている点である。リュエフによれば、ケインズのこの着想は、イギリスでは賃金が物価に連動して下落せず、それが大量失業をもたらしたという、一九二〇年代の経験がもとになっている。ケインズはこの経験から、投資支出を増やすことによって一般物価を引き上げるという、迂回的な方法による実質賃金の引下げを思いついたというのである。

しかし一般物価を引き上げるには、投資支出でなく消費支出を増やすという方法もある。では、なぜケインズは消費支出でなく投資支出の方を選んだのか。リュエフはその理由を次のように説明する。消費支出は諸個人が決めるものであり、公権力の自由にはならない。これにたいして投資支出は、公権力の手で、しかも機動的に実施できる。この方法を使えば、インフレを発生させることによって失業を吸収できるし、ひとたび失業が吸収された後には持続的な成長と超過雇用を保証することもできる。第二次世界大戦後に各国が完全雇用を政策目標に設定したのは、公権力による投資支出という裁量的な政策手段を当てにできたためである。これが、リュエフが注目したいま一つの点である。

こうしてリュエフは、ケインズ理論の本質は財政・金融政策によってインフレを惹き起こし、「涙なしに」実質賃金を引き下げることにあると結論づける。リュエフはこれをケインズの「天才性」、「ケンブリッジの魔術師の偉大な秘密」(17)と呼んでいる。かくてリュエフの分析によれば、失業問題にたいするリュエフとケインズの対応策の違いは、賃金水準を一般物価水準に調整する方式の違いにあったことになる。すなわち、通貨の切下げによってそれを実現するのか（リュエフ）、それともインフレという迂回的な方法でそれを実現するのか（ケインズ）、である。

しかしそれにしても、西側諸国は戦後長きにわたって完全雇用状態を維持できた。これはなぜなのか。リュエフはその主な理由を、ブレトンウッズ体制下におけるドルの過剰から生じた世界的なインフレによって説明する。つまり、このインフレによって実質賃金が一般物価水準に調整されたからだと言う。

リュエフは論文の最後で、各国が深刻なスタグフレーションに見舞われている一九七〇年代半ばの現状を確認した後で、一九四七年の自らの予言をそっくり引用している。彼は一九七八年に没し、予言の最終的な当否は見届けられなかった。しかし、「全般的計画化体制の再構築」は別にして、二つの意味で歴史はリュエフの予言に沿って展開したと言える。まず、一九七〇年代に入ると、西側諸国ではケインズ理論に代わって新古典派が支配的な経済学に浮上する。次いで七〇年代後半―八〇年代初頭からは、西欧諸国が長期の新自由主義的構造改革（規制緩和、国有企業の民営化）の道に入る。それと同時に、欧州経済統合の深化（とくに通貨統合）にも本腰を入れて取り組むようになる。後段（第十章）で詳述するように、リュエフは一九二〇年代から市場機構の機能強化と、欧州については経済統合（「共同市場」の創設）の必要性を説いていたから、新たに姿を現した世界は明らかにリュエフの構想と重なっていた。ただし、これはあくまでも一九九〇年代ころまでである。それを越えると、経済のグローバル化、ソフト化、サーヴィス化が進み、それにともなってリュエフの予言とは異なる世界が現れる。

註

（1）「バイブル」も「宗教」も、当時リュエフが用いていた用語。

（2）Archives de la Banque de France. ISEA, note n°1: Henri Bartoli, *Financement de la reprise*.

（3）Jacques Rueff, « Les erreurs de la théorie générale de lord Keynes », *Revue d'économie politique*, janvier-février 1947. Repris dans *OCJR*, II-2. 以下、とくに断りのない限り、この論文に依拠する。

（4）*OCJR*, II-2, p.275.

（5）*OCJR*, I, p.191.

（6）*OCJR*, II-2, p.288. リュエフは一九五七年に発表した論文（« Eléments pour une théorie du taux d'escompte et de la balance des comptes », *Revue économique*, 8 juillet 1957, repris dans *OCJR*, II-2.）で、貨幣の調整現象の存在を理論と実証の両面から論証し、自説を補強している。

（7）*OCJR*, II-2, p.289.

（8）AEF, B50525. Commissariat général du Plan. Groupe de travail. Monnaie, prix et croissance, séance du 11 avril 1972. Exposé de Jacques Rueff.

（9）一九七〇年代にマネタリズムが脚光を浴びるなかで、ＥＥＣ加盟諸国の中央銀行では流通通貨量とインフレとの関係に関する研究が行われている。この研究から導き出された結論は、両者の間に一定の相関関係があるものの、政策によって流通通貨量を管理することは不可能であるというものであった。それにもかかわらず独、仏、英などの有力な中央銀行は通貨目標値を定めるようになるが、それは目標値がもたらす心理的効果を期待してのことであった。

（10）James Tobin, «The Failures of Lord Keynes, General Theory: Comment », *Quarterly of Journal of Economics*,

November 1948, pp.763-770.

（11） 以下については、Jacques Rueff, « Reply », *Quarterly of Journal of Economics*, November 1948, pp.779-781. を参照。

（12） 『一般理論』は「一般理論」ではないという表現はリュエフの論文のなかに何度も登場する。さらに彼の自伝にも登場する。

（13） *OCJR*, II-2, pp.272-273.

（14） *Ibid.*, pp.300-301.

（15） 権上康男「新自由主義はどのようにして経済社会を支配するにいたったか（一九五八―九九年）――フランスの事例」横浜商科大学『紀要』第一一巻、二〇一六年一〇月。

（16） Jacques Rueff, « L'ère keynésienne », *Bulletin de l'Institut économique de Paris*, novembre-décembre 1975, repris dans *OCJR*, III-1. なお、リュエフ全集には「ケインズ時代の終焉」（« La fin de l'ère keynésienne »）の表題で収録されている。

（17） *Ibid.*, p.174.

第六章　第二次世界大戦後のドルと国際通貨制度(1)——継承されるケインズ的アプローチ

第二次世界大戦の終結とともに自由を取り戻したリュエフは、一九四五年に『社会秩序』を上梓したのを皮切りに、堰を切ったように活発な講演ならびに論文執筆活動を開始した。彼がとりあげた論題は多岐にわたるが、それらは国内経済と国際経済の二つの領域に大別できる。第一の領域については最終章に譲り、本章と次章では第二の領域、とくに一九六〇年代に国際協議の対象となったドルと国際通貨制度改革をめぐる問題を扱う。この第二の領域におけるリュエフの現状分析と金本位制への復帰を説く制度改革論は、彼の名を国際的に広く知らしめたことでも特筆される。

リュエフの国際通貨制度改革論は結局、国際社会全体を動かすにいたらなかった。とはいえ、彼の現実を見るたしかな眼と一切の妥協を許さない透徹した論理は、識者たちの間に大きな波紋を広げた。それを裏書きするように、彼は一九六〇年代に、欧州諸国の主要都市はもとよりニューヨーク、ボストン、サンフランシスコにも招かれ、多数の講演を行っている。講演原稿は次々と各地の有力な新聞および経済専門誌に掲載された。一九六五年には、彼の言説は大統領シャルル・ドゴールを動かすに至った。同年二月の記者会見で、ドゴールはリュエフの主張に全面的に沿った声明を発表している。その二カ月後にリュエフがニューヨークで行ったアメリカ議会主催の講演会には、前副大統領リチャード・ニクソンが聴衆に混じって会場に足を運んでいる。

ドルと国際通貨制度改革をめぐる国際協議は、ドゴールの記者会見を境に、それまでの多分に専門技術的な領域から政治の領域へ移る。それにともない、リュエフの主張と現実とのかかわりにも変化が生じる。そこで一九六五年二月までを本章で扱い、それ以後については次章に譲ることにする。

第一節　ドル・ギャップとインフレ

リュエフは国際連合の経済雇用委員会の委員を務めていたこともあり、早くから戦後の国際通貨制度や通貨問題について発言——ただし批判的な発言——をしていた。この分野における彼の最初の本格的な論文は、欧州諸国における決済用通貨ドルの不足、いわゆる「ドル・ギャップ」をめぐるもので、一九四九年三―四月に発表されている。(1) ほぼ同じ時期に、彼はパリ、ブリュッセル、ローマ、チューリッヒで講演を行っているが、そこでもこの問題をとりあげていた。

リュエフの国際収支に関する見解は、一九二九年のケインズとのトランスファー論争以後も変わっていなかった。それは古典理論を継承しており、ごく簡単に言えば、国際収支は自動的に均衡するというものである。それゆえこの理論による限り、国際決済に必要な外貨が長期にわたって不足することはあり得ない。ところが第二次世界大戦後の欧州諸国では、このあり得ないことが常態となっていた。リュエフの一九四九年論文はこの疑問を解こうとしたものである。

論文は理論と事実による検証から始まる。国際収支に関する理論はロバート・トレンズ、デヴィッド・リカード以後、経済学者たちの手で洗練されたものに改良されてきているが、彼らの見解も、国際収支には自動的に均衡する傾向があるとする点では一致している。リュエフはまずこのことを確認する。

次は事実による検証である。かつてのケインズとの論争では、リュエフはもっぱらフランスの事例を引用していた。しかし今回は、フランスの他に、マルクの安定化から為替管理が導入される一九三一年までのドイツの事例をとりあげている。そしてフランスとドイツ、いずれの場合にも、世界経済が崩壊しブロック経済に突入するまでは、外国からの大規模な資本の流入や外国への賠償支払いがあった際、あるいはそれらが停止した際には、貿易収支が柔軟に伸縮し、国際収支の均衡が維持されている事実を確認する。それゆえ、国際収支に関する古典理論が正しいことは事実によって確認できるとリュエフは主張する。

では、ＩＭＦ体制のもとで通貨の交換性が保証されているにもかかわらず、なぜ欧州諸国で国際収支の不均衡が継続し、ドル不足が生じるのか。リュエフは、国際収支の調整メカニズムが働く環境に大きな変化が生じているからだと考える。この変化とは、インフレ、マーシャル援助の見返り資金の凍結解除、ＩＭＦの運営にかかわる事情、の三つであり、なかでも重要なのはインフレである。戦後の欧州諸国では、復興事業の実施により財政は大幅な赤字を記録し、経済はインフレに見舞われていた。この財政赤字に起因するインフレこそがドル・ギャップの主要な原因だというのである。リュエフはその理論的根拠を次のように説明する。

国際収支の時どきの状態は、まず、市場に供給された富の売却によって得られる国内の購買力の総量に、次いでこの購買力の総量を介して国内の物価および金利の水準に、それぞれ影響を及ぼす。そして、通貨の金ないし外貨との交換性を介して国際収支を調整し、それを均衡へと導く。それゆえ対外債務の残高を清算すれば、その額だけ国内の購買力は減少する。その結果、市場に供給された生産物を時価で購入するために使える購買力の不足が生じる。こうして生まれた購買力の不足によって物価と金利が変動し、国際収支の均衡がもたらされる。

ところで、仮に国家が必要な財源を税と国債によって調達できなければ、通貨の新規発行で対処するしかない。こうして新たな購買力が創出されれば、創出された分だけ、対外債務の清算から生じる購買力の減少は削減される。創出された購買力の量が国際収支の赤字を上回るならば、赤字による購買力の削減効果は打ち消され、逆に国際収支の赤字が増える。かくて、財政インフレは国際収支の自動調整メカニズムを歪め、国際収支の不均衡状態を長引かせる働きをする。

以上は、財政インフレのもとにある国とインフレ率ゼロの国の間に生じる現象であるが、同様のことはインフレ率の異なる諸国間でも生じる。たとえば、アメリカのインフレ率は欧州諸国に比べて低い。仮に国際取引が総購買力の変動から生じる相対価格の変動によって方向づけられるとすれば、すべての取引相手国はアメリカにたいして赤字となる。これこそがドル・ギャップの正体なのである。アメリカと欧州諸国の関係と同様、欧州諸国間にもインフレ率に差があるから、そこにおいても決済通貨の不足が生じる。ドル・ギャップが広範囲に広がっている理由はここにある。

かくてドル・ギャップを解消するには、インフレを終息させることにより国際収支の調整メカニズムを復活させるしかない、ということになる。しかし、各国の政策当局者や経済学者たちはこの解決法を受け入れようとしなかった。リュエフはその理由を後年、こう説明している。彼らの大多数は、ドイツ・トランスファー論争におけるケインズと同様、国際貿易は各国の構造的諸要因とそれらを修正しようとする行政の介入によって決定づけられるものであり、金融政策や財政政策では変えられないと見ていたからである、と。(2)

第二節　通貨の交換性回復と金為替本位制

戦後復興は一九五〇年代半ばまでにほぼ終わる。インフレは大半の国で終息に向かい、ドル不足もほぼ解消し、通貨の交換性回復への機運が高まる。リュエフはこうした状況の変化を前に行動を開始する。それというのも、各国の通貨が交換性を回復すれば、大戦後の国際通貨制度、すなわちドルを基軸通貨とする金為替本位制に潜むリスクが顕在化し、国際通貨制度の再構築が国際協議の場に登場するに違いない、と彼が判断したからである。

リュエフはすでに一九三〇年代前半に、一九三一—三四年の大不況を貨幣の側面から仔細に考察し、金為替本位制がこの大不況の主要な原因であるとの結論を得ていた。(3)この考察は一九五〇年代末以後、ドル問題とのかかわりで周到な学説に仕上げられる。彼が一九六〇年代に展開する国際通貨制度批判とその改革論を理論面から支えたのは、この金為替本位制に関する彼の独創的な学説である。そこでリュエフの金為替本位制論を、彼が一九六一年六月末にル・モンド紙に寄稿した論文等(4)にもとづいて確認することから始めよう。

「本質的にインフレ的な」金為替本位制

理解を容易にするために、基軸通貨国アメリカとドルを準備として保有するフランスとの二国間を例にとる。

仮にフランスから財貨を輸入するか、あるいはフランスに信用を供与することによってアメリカの国際収支が赤字になれば、この赤字はドルで決済される。決済を通じてフランスに移転したドルはその地の銀行の貸借対照表に預金として計上される。この預金は個人や企業に貸し出され、それにともない通貨（預金通貨）が発行される。しかも通貨の発行は乗数的である。ドルはやがて中央銀行（フランス銀行）に買い上げられ、同行の準備に繰り入れられる。中央銀行は買い上げたドルの運用先が国内にないことから、即座にこの外貨をニューヨークに送ってその地の銀行に預金し、収益を得る。このようにして移転元であるニューヨークに、フランスの債権に姿を変えて戻ってきたドルが、いわゆるドル・バランスである。ニューヨークの銀行はフランスの銀行と同様、預金を個人や企業に貸し出すことになるが、その際、通貨が乗数的に発行される。

以上のように、金為替本位制のもとではアメリカでもフランスでも通貨が増発されることから、リュエフはこの国際通貨制度を「本質的にインフレ的である」(5)と性格づける。

金本位制のもとであれば国際収支の赤字は金で決済されるために、国際収支の赤字国アメリカにおける流通通貨量は収縮する。その結果、この国の購買力は減少し、国際収支は自動的に調整されて均衡を回復する。ところが金為替本位制のもとでは、アメリカの国際収支が赤字になりドルが流出しても、流出したドルはブーラメンのように流出元に戻るためにアメリカの通貨流通量が収縮することはない。かくて基軸通貨国は理論上、国際収支の赤字を気にすることなく対外信用を無限に積み上げることができ、信用を受け入れた諸国は返済を気にすることなく、借入れをつづけられる。つまり、「涙なしの貸し借り」がくりかえされる。

アメリカの国際収支赤字とドル・バランスの関係は、一見したところ鶏と卵の関係に似ている。実際、ドル・バランスの増加は、アメリカの国際収支赤字の結果であると言われた。しかしリュエフによれば、それは誤りである。なぜなら、「ドル・バランスの増加は原因であり、国際収支の赤字はその結果だからである」(6)。またリュエフは、国際収支の赤字がドル・バランスの水準に維持されるという事実――すなわち、国際収支の「不均衡」が常態化するという事実――は、購買力の移転によって国際収支の均衡が保証されるメカニズムが厳然として存在することを、しかもこのメカニズムは感度が良く、強力であることを、量的に証明するものであると言う。(7)要するにリュエフは、古典理論を否定するケインズと彼に連なる理論家たちの主張は間違いだと言うのである。さらにリュエフは、現行の金為替本位制は「想像し得るもっとも馬鹿げた決済制度である」(8)と言う。

リュエフによれば、金為替本位制のもとでは大規模な国際資本移動が生じる際に通貨の大増発が生じ、物価の上昇と取引所ブームが起こる。大恐慌前夜の世界的なブームがまさにそれであり、これが一九三一―三四年の大不況を惹起した貨幣面における要因であった。ちなみに、後段で詳しく立ち入るように、リュエフは一九五〇年代末以降の西側世界も同様の事態に立ち至る怖れがあると警告する。

金為替本位制については、さらにもう一点、補足しておこう。リュエフは、第二次世界大戦後の国際通貨制度には深刻な矛盾が伏在しており、この制度はいずれ立ち行かなくなると見ている。この点では、彼の見解は「流動性のジレンマ」として知られる学説と同じである。この学説はロバート・トリフィンが一九五九年に発表した論文(9)によって知られるようになった。一方のリュエフは、一九六一年のル・モンド論文のはるか以前から金為替本位制の欠陥を問題にしていた。このため、フランス語圏を中心とする欧州諸国では、「流動性のジレンマ」を「リュエフ・トリフィンのジレンマ」と呼ぶことがある。しかし、トリフィンとリュエフの間には理論面で本質的な違いがある。トリフィンは、戦後の国際通貨制度のもとでは、増大する国際流動性の需要にドルの供給が追いつかなくなると見る。これにたいしてリュエフは、この通貨制度のもとでは世界経済がインフレに陥ると見ている。それゆえ、二人のジレンマ論を一括りにすることには問題がある。

それはともかくとして、一九三〇年代に忌わしい経験をしていたにもかかわらず、第二次世界大戦後の国際通貨制度は十分な議論を経ることなく金為替本位制として再建されてしまった。再建された国際通貨制度は、かつての制度と同じくインフレ体質であり、深刻な危機をもたらす可能性を秘めている。これが第二次世界大戦後の国際通貨制度にたいするリュエフの基本認識であった。

通貨の交換性回復と国際通貨制度改革問題

一九五八年一二月末に西欧諸国は一斉に通貨の交換性を回復する。これを契機に、アメリカから大量の短期資本がドイツとフランスに流入し、両国の株価が高騰する。大恐慌前夜に似た現象が現れたのである。事態を放置すれば「新たな世界恐慌」が発生する怖れがある。

金為替本位制の代替案としては、すでにケインズ案やトリフィン案などいくつかが知られていた。しかしリュエフによれば、いずれにも問題があり、新たな世界恐慌を防ぐには政府レヴェルにおける行動が急務である。彼は一九五九年六月、財務大臣アントワーヌ・ピネーに覚書を送り、ドル救済のための国際的な仕組みを構築するために、まずフランス政府内に小委員会を設置し、検討作業に入るよう提言した。リュエフは、ピネーがこの小委員会の長に自分を就けてくれることを期待していたようである。だがピネーはリュエフの提言を握りつぶしてしまった。それは次のような事情によるものであった。第二次世界大戦後のフランスの財務省ならびに中央銀行の上級職員たちの大多数は、他の諸国の同僚たちと同様、価格メカニズムが機能する自由な市場を復活させることに否定的であった。このため、彼らはリュエフを異端視し、彼が政府機関とかかわりをもつことを極度に嫌っていた(10)。

この間にアメリカからは短期資本の流出と併行して大量の金が流出し、反対に欧州諸国の中央銀行は軒並み金準備を大幅に増やしていた。ドルの信認は低下し、一九六〇年一〇月にはロンドンの自由金市場で金一オンスが三五ドルの公定価格を大きく超え、四〇ドルの高値をつける。翌一一月には、金価格を安定させるために金プール制が組織される。またアメリカでは、任期終了間際の大統領ドワイト・D・アイゼンハワーが国際収支改善のための緊急指令を発する。さらに翌一九六一年二月六日、大統領に就任したばかりのジョン・F・ケネディが、議会に宛てた特別教書で具体的な数字を示しつつ、ドルが憂慮すべき状況にあることを率直に認める。

ところで、一九六一年五月末から六月初めにかけて、新大統領ケネディがフランスを訪問することになった。それに先立つ同年三月一六日、リュエフはドゴールと面談する。この面談の直前に、リュエフは三日間ワシントンに滞在し、旧知の連邦準備制度理事会議長ウィリアム・マチェスニー・マーチンおよび二人の財務次官補(そのうちの一人は同じく旧知のロバート・A・ローザ)と国際通貨問題で意見交換をしていた。リュエフはドゴールに、ドルと国際通貨制度に関する最新の事情を説明し、この制度が西側世界に深刻な危機をもたらす怖れがあるとし、ドゴールの介入に期待をかけた。その結論部分を引用しよう。

西側の発券諸銀行が〔ニューヨーク市場に置いている〕一覧払い預金および短期預金〔すなわちドル・バランス〕にたいして当然の権利を行使するなら、連邦準備制度は明日にも破綻してしまいます。もちろんこれらの銀行は、政治や金融にかかわる脅威にさらされない限り、そんなことはしないでしょう。とはいえ、そうした脅威に直面すれば、一九三一年のように、ドルよりも自国の通貨を第一に考えざるを得なくなります。合衆国の通貨制度の事実上の支払い停止は西欧全体を深刻な危険に陥れることになります(11)。

このときリュエフは、アメリカの通貨・財務当局の三人の責任者から得た、ケネディ政権のドル危機にたいする関心の低さを伝える話をドゴールにしている。ケネディは特別教書のなかで自分が述べたことを覚えていないし、誰も彼に特別教書の内容を思い出させることはしていない。この三人の責任者、なかでも連邦準備制度理事会議長は、ドル危機は対外支払いを抑制すれば一年もしないうちに解決すると考えていた。リュエフが彼らに、現行の国際通貨制度が抱える深刻な問題について説明したところ、三人とも「〔リュエフの〕議論に異論のないことを認めざるを得ず、またそれから導かれる結論に心を動かされ、驚愕したように見えた(12)」。

リュエフはその後、六月末にル・モンド紙に、ドゴールに説明したのと同じ内容の論文を寄稿する(13)。この論文は直ちにザ・タイムズ、フォーチュンという英、米の有力な新聞・雑誌、および独、伊、西の同じく有力紙に転載される。このように欧米の新聞・雑誌がこぞってリュエフ論文に強い関心を示したということは、彼の議論が国際社会にとって未知の領域に属していたことを物語っている。

なお、ドゴールとの面談以後、リュエフはドゴール個人、および大統領府の官房たちと頻繁に会い、彼らに国際通貨問題について助言するようになる。こうしてフランスの大統領府は、財務省や中央銀行とは対照的に、官房長エティエンヌ・ビュランデロジエを筆頭にリュエフ理論の支持者によって占められることになる。

第三節　金為替本位制とドル問題

一九六一年二月にケネディが特別教書を出した直後から、アメリカと主要西側諸国の財務省および中央銀行の実務者間で、ドル危機への対応ならびにＩＭＦの機能の補強をめぐる協議が始まる。一九六二年に入るとその成果が、ローザ・ボンドの発行や、フランス銀行など主要中央銀行一〇行および国際決済銀行とアメリカ連邦準備制度との間でのスワップ協定の締結となって現れる。なお、協議の過程で中心的な役割を果たしたのはアメリカ財務省のローザである。

一九六三年の夏になるとアメリカ政府の方針が固まる。まず同年七月一八日、ケネディが特別教書で国際収支の改善計画を発表する。それはアメリカの国内観光の振興、国外からの対米投資への減税、アメリカ居住者による外国証券購入への課税、対外軍事支出および対外援助の削減などからなり、先のアイゼンハワーの緊急指令と同様、対外支払いを抑え、国外からの対米支払いを増やすことを目的としていた。一方で教書は、国際通貨制度の抜本的な改革については、アメリカの国際収支が均衡を回復した後に取り組むべき課題として先送りしていた。かくて、リュエフがアメリカの財務・通貨当局者たちに伝えていた見解は、結局、同国政府の政策には反映されなかった。

次いで同年一〇月、ローザがフォーリン・アフェアーズ誌に「国際通貨制度改革」と題する論文を発表し、国際通貨制度改革に関する立ち入った見解を公にする。なお、一九六二年からIMF、OECD、G10を舞台に国際通貨制度改革をめぐる協議が始まっていたが、この協議を方向づけたのはローザの見解である。また、リュエフが対決することになったのも同じくローザの見解である。

国際流動性の不足、それにいかに備えるか――ローザの見解

ローザはフォーリン・アフェアーズ誌への寄稿論文(14)で、国際通貨制度改革については三つの選択肢があると言う。

最初の二つは、金本位制もしくは変動相場制の採用である。しかしローザは、いずれの選択肢にも大きな難点があり、採用できないと言う。まず、第一次世界大戦以後、そしてとりわけ第二次世界大戦以後、政府が経済領域で大きな役割を果たすようになっており、国際経済関係も著しく複雑化している。それゆえ調整を市場メカニズムに委ねる金本位制の採用は非現実的である。一方、変動相場制は、貿易と国際資本移動を阻害するために、同じく現実にそぐわない。ここで注目しておくべきは、ローザは理論ではなく、あくまでも短期の、政治ないしは実務上の事情を優先していることである。

残る第三の選択肢はＩＭＦ体制、すなわち金為替本位制の維持であり、ローザはこれを支持する。ただし彼は、現行の制度は現実の必要に応えられない怖れがあり、補強する必要があると言う。そして補強の内容について多くの紙幅を割いている。その概要は以下のとおりである。

国際通貨制度改革の要諦は、中長期的に見て、発展途上国を含む西側諸国全体の成長に必要な流動性を安定的かつ柔軟に保証できるように、諸措置を講じることにある。そのためにローザは「より弾力的な、より規模の大きな外国為替ないしは国際的な信用を準備のなかに含める」必要があると言う。とくに彼が懸念するのは、アメリカが国際収支の均衡回復を達成した際に予想される国際流動性の不足である。ローザはそれへの備えを事前に用意しておく必要があると主張する。しかし彼は、すでに主要諸国間の協議が満足すべき成果をあげていること、またケネディ大統領が国際収支の均衡回復に本腰を入れて取り組む決意を表明していることから、「漸進的な改革の過程を経て、われわれは目的に到達することができるであろう」と楽観的な見通しを示している。

要するに、主要諸国が協力して「漸進的な改革」を進めることにより、西側諸国の成長に必要な国際流動性の確保は可能であり、国際通貨制度の抜本的な改革は必要ない。これがローザの見解の核心であった。このようなローザの国際通貨制度改革構想は、信用を国際的に管理するという発想にもとづいており、ケインズ主義に起源をもつ国内信用管理論の国際領域への拡大とも言える。それは一九七〇年代末にＯＥＣＤを舞台に展開される「機関車論」に連なるものであり、一種の「国際ケインズ主義」(15)である。

問題は「流動性の問題」ではなく「調整の問題」である——リュエフの見解

アメリカの大統領と実務当局者が相次いで自らの立場を明確にしたのをうけて、リュエフは一九六三年一一月の公開講演で、アメリカ政府の姿勢に理論と実証の両面から全面的な批判を加える。この講演原稿は加筆された後に、一九六五年刊行の自著『国際収支の厄介な問題』(16)に収録される。それは、彼のドルと国際通貨制度に関する数ある講演・論文のなかでももっとも体系的なものであった。

リュエフはこの講演の冒頭で、ドル危機と国際通貨制度をめぐる論点を次のように整理する。アメリカ政府の考え方は国際通貨制度を改革することなく自国の国際収支を均衡させられるというもので、ドイツ・トランスファー論争におけるケインズと同じである。ケインズはこの論争で、ドイツの賠償支払い額はドイツにとってトランスファーが可能な額、すなわち国際収支の残高に調整されねばならないと主張した。ケインズによれば、国際収支のさまざまな要素、なかでも貿易収支は貿易当事国に固有の構造的な要因によって決まり、所得や物価や為替の変動の影響をうけないからである。ケネディの特別教書は、行政的諸手段を動員して対外支払いを自国の支払い能力に合わせようとしており、まさしくケインズ的アプローチそのものである。

一九五七年に外貨準備の激減に直面したフランス政府もアメリカ政府と同様の考え方をし、同様の対応をこころみた。詳細は後段（第十一章）に譲るが、フランス政府はこのとき、輸入割当制度という強力な保護貿易政策を導入し、自国の対外支払いを自国の支払い能力に合わせようとした。しかしこの政策は成功せず、外貨準備の減少は止まらなかった。万策尽きた同政府は、最終局面でリュエフを長とする政府委員会が提出した財政構造改革案を採用し、自由な市場機能を復活させることによって危機を脱出した。これはフランスの「奇跡」と呼ばれた。

このように自国で成功体験をしていたリュエフは、アメリカ政府の政策選択に疑問を投じる。アメリカが採用すべきは反対の政策ではないか、と。すなわち、「アメリカの国際収支の現在の赤字は、〔国際収支の〕主要な項目が硬直的であるからではなく、価格メカニズムが機能不全になっているからではなかろうか。仮にそうであるなら、とるべき対策は国際決済の有効なメカニズムの再建であって、恣意的な操作ではないことになる(17)」。

次いでリュエフは、自らの判断が正しいことを理論と実証の両面から検証する。この部分はドル・ギャップを扱った一九四九年論文と基本的に同じである。違いは、第二次世界大戦後のアメリカの国際収支が検証の対象とされている点である。リュエフがアメリカの国際収支でとくに注目するのは次の二つの事実である。第一に、一方で、膨大な対外軍事支出、対外援助、および企業の対外直接投資という、関税統計には表示されない取引により国際収支が巨額の赤字を記録し、他方で、貿易収支が類例のない巨額の黒字を記録している。第二に、この貿易収支の黒字が関税統計に表示されない取引と同じ方向に、かつ同一の規模で変動している。リュエフによれば、巨額の貿易収支黒字も、この黒字の変動も偶然のものと見るべきではない。それは、物価や金利や為替の変動に敏感に反応して、行政機関や個人および民間企業が個々の判断にもとづいて行った無数の経済行動の総括的な結果なのである。言い換えれば、それは「見えざる手」のなせる業なのである。

要するにリュエフによれば、フランス、ドイツと同様、アメリカにおいても国際収支の自動調整メカニズムは厳格に働いている。アメリカ政府が軍事支出や対外援助を削減すれば、それに連動して貿易収支の黒字が減少するために、国際収支の赤字は手つかずのまま残る。彼が一九六五年四月にニューヨークで行った講演では、こうした論点が分かりやすく語られている。

国際収支の赤字は、軍事支出や対外援助、あるいは為替管理のような対外支払いの削減によって修正可能だと考える人たちがいます。しかしそれは、まさに、誤った願望というものです。以上にお話ししたことからお分かりいただけるように、そうした対外支払いを削減すれば、きわめて高い水準にある合衆国の貿易収支の黒字を減らすことになります。でも、それによって国際収支が影響をうけることはありません。したがって、アメリカの国際収支の赤字は、〔現行の〕国際通貨制度が存続する限りつづくことになります……。(18)

では、なぜアメリカにおいて国際収支の赤字が定着し、ドルの信認を脅かすまでになったのか。

リュエフはその原因をこう分析する。それまでのドル不足から一転してドルが過剰になったのは一九五八年からである。この時期には、アメリカでも欧州諸国でも構造にかかわるような変化は起きていない。よってドルの過剰は、次のような金為替本位制のメカニズムに由来する現象と見なければならない。欧州諸国における通貨の交換性回復にともなってアメリカから短期資本がこれら諸国に流出し、巨額のドル・バランス、すなわちアメリカにとっての短期債務を形成するに至った。ここで重要なのは、原因はドル・バランスの増加にあり、関税統計に表れない取引と貿易収支の黒字との差額――すなわち、国際収支の均衡を妨げている要因――はドル・バランスの増加の結果である、という点である。

以上からリュエフは二つの「政治的結論」を導く。一つは、アメリカが対外支払いを削減してもその効果は期待できない。ドルの信認を回復するには現行の国際通貨制度を金本位制に換えるしかない。いま一つは、金の流出を止める方法に関するものである。連邦準備制度は現在、公開市場への介入金利を貨幣市場金利の水準以下に設定している。この金利を引き上げれば金の流出は止まる。要するに、リュエフのいう「政治的結論」とは、価格メカニズムが十全に機能するように制度と金融政策を転換することであった。これは、ローザが一九六三年一〇月の論文で問題にしていた「流動性の不足」との関連で言えば、問題は「流動性の問題」もしくは「構造の問題」ではなく「調整の問題」であるということになる。[19]

リュエフは以上のような一九六三年の講演原稿を一九六五年に自身の単著に収録する際に、この講演では最近増えつつあるユーロ・ダラーは考慮していないと断っている。ユーロ・ダラーについては、彼はそれ以後の論文でも何回かドル危機との関連で言及している。しかし結局、彼はこれを、スワップ協定やSDRなどと同様、金価格が不当に低く評価されていることから生じる金の不足分を補うために考案された流動性原資の一つと看做すことになる。[20]

註

（1）Jacques Rueff, « L'état actuel du système des paiements internationaux », *Revue d'économie politique*, mars-avril 1949. Repris dans *OCJR*, III-2.

（2）*OCJR*, I, p.271.

（3）本書、第四章、第三節、を参照。

（4）Jacques Rueff, « Un danger pour l'Occident: le Gold-Exchange Standard », *Le Monde*, 27-29 juin 1961. Repris dans *OCJR*, III-2.

（5）J. Rueff, *OCJR*, III-2, p.103.

（6）Jacques Rueff, *Le lancinant problème des balances de paiements*, Paris, Payot, 1965, p.35.

（7）*Ibid.*, p.36.

（8）Jacques Rueff, « L'étalon-or », contribution de Jacques Rueff à la conférence à Londres, 24-25 mai 1965.

Repris dans *OCJR*, III-2, p.188.

（9）この論文はRobert Triffin, *Gold and the Dollar Crisis*, Yale University Press, 1960.（R・トリフィン著／村野孝・小島清監訳『金とドルの危機』勁草書房、一九六一年。）に収録されている。

（10）後段（第十一章）で明らかになるように、同様の事実は、一九五八年におけるフランスの財政改革や六〇年代前半における信用改革をめぐる問題でも確認できる。

（11）Cit. dans *OCJR*, I, p.262.

（12）*Ibid*, p.261.

（13）J. Rueff, « Un danger pour l'Occident, *op. cit.* »

（14）この論文はRobert V. Roosa, *The Dollar and World Liquidity*, Random House, 1967.（ロバート・V・ローザ著／津坂明・若月三喜雄訳『ドルと国際流動性』至誠堂、一九六八年。）に収録されている。なお、国際通貨制度をめぐる問題と制度改革に関するローザの見解は、彼が財務次官補を退任した翌年に出版した著書Robert V. Roosa, *Monetary Reform for the World Economy*, Harper & Row, 1965.（R・V・ローザ著／鈴木源吾監訳『国際通貨改革論』至誠堂、一九六六年。）のなかで詳細に展開されている。二人の訳者が同書の「あとがき」で指摘しているように、ローザの見解は見事なまでにアメリカの国益に沿うものであった。

（15）国際ケインズ主義の用語法については、Vincent Gayon, « Le keynésianisme international se débat. Sens de l'acceptable et tournant néolibéral à l'OCDE », *Annales Histoire, Sciences sociales* », 72 (1), 2017. を参照。

（16）J. Rueff, *Le lancinant problème, op. cit.*

（17）*Ibid.*, p.23.

（18）*Broadening the Dimensions of Publics Affairs*, National Industrial Conference Report, N 3, New York, 1965.

Repris dans *OCJR*, III-2, p.181.

(19) L'introduction de Jacques Rueff, *L'ère de l'inflation*, Paris, 1965. Cf. *OCJR*, III-2, p.103.

(20) たとえば、リュエフ著『ドル体制の崩壊』(前掲邦訳)、「日本語版によせて」一七頁。

第七章　第二次世界大戦後のドルと国際通貨制度(2)——孤軍奮闘するリュエフ

一九六一年にケネディがアメリカ連邦議会に特別教書を提出したのを契機に、ドルの救済と国際通貨制度の補強をめぐる協議が主要諸国間で始まる。スワップ協定の締結やローザ・ボンドの発行など、その成果の一部は一九六二年中に実施された。一方、国際準備資産の創設やＩＭＦの増資など、制度にかかわる諸措置については、ＩＭＦ、ＯＥＣＤ、Ｇ10のそれぞれ専門委員会を舞台に協議がつづけられる。協議の対象となった諸措置はいずれも、一九六三年のケネディ国際収支特別教書とローザ論文のなかに示された二つの原則に沿うものであった。一つはアメリカにおける国際収支の均衡回復を優先するという原則、いま一つは、国際通貨制度本体の改革は将来の課題として残し、当面は制度の「漸進的な改革」によって国際流動性の需要に応じるという原則である。

要するに、ドルおよび国際通貨制度問題への対応は、当初は多分に専門技術的側面に限定されていた。しかし、一九六五年二月四日にドゴールが記者会見でこの問題について発言したのを機に、状況は大きく変わる。以後、問題は政治の領域に移る。

第一節　ドゴール大統領の記者会見

ドゴールはこの記者会見の場で、記者からの質問に答えるかたちで、国際通貨制度に関する自らの所信を表明した（以下では表明された所信を「声明」と呼ぶ）。その前年の秋にポンド危機が発生し、同時にドルも大量の売りを浴びせられていた。イギリスはＩＭＦに一〇億ドルの支援を仰ぎ、アメリカはローザ・ボンドの発行と、スワップ操作により数億ドルを引き出すことにより、それぞれ危機に対処した。ドゴールはこの危機の顛末を見届けたうえで記者会見に臨んだのである。

ドゴール声明は前半と後半の大きく二つの部分に分けられる。前半は金為替本位制の歴史とその現状の説明に充てられている。この部分は、一九六一年にリュエフがドゴールに説明し、次いで論文の形式にまとめて欧米諸国の新聞・雑誌に発表したものと基本的に変わらない。違いは、その後における事態の深刻化について立ち入っている点にある。すなわち、欧州諸国の中央銀行が保有する金準備の総額は、いまやアメリカ連邦準備制度の金準備額に匹敵する規模に迫っている。現行の国際通貨制度は現実と齟齬をきたしているだけでなく、西側世界を早晩、破局に陥れる怖れがある、と。

声明の後半は、国際通貨制度にたいする政治的評価とこの制度の抜本的な改革提案からなる。この部分もリュエフの所説にもとづいている。その要点はこうである。現行の制度のもとではアメリカ（および規模は劣るがイギリス）だけが、いわゆる基軸通貨国特権により世界から無償で資金を借り入れており、世界は通貨面で非対称的である。国際貿易は、第一次世界大戦前のように、素材面で非の打ちどころがなく、しかも「いかなる国の刻印もない」通貨の基礎上でなされねばならない。この通貨は金以外にないから、金本位制を復活させることが望ましい。それには過渡的な措置が必要となるが、そうした措置の検討はＩＭＦ、Ｇ10および欧州経済共同体（ＥＥＣ）において行えばよい。

声明の最後は、「フランスは今後、世界全体の利益のために必要とされる大改革に積極的に参加する用意がある」という言葉で結ばれている(1)。

以上の簡単な紹介からも分かるように、ドゴールの声明は、リュエフの理論にもとづく主張に政治的性格を付与したものと言える。ドゴールの外交戦略の要は、米、英両国の力を弱め、フランスが国際舞台で両国と対等に影響力を行使できるようにすることにあった。金本位制を復活させれば、世界は通貨面で対称的となり、英、米両国は金為替本位制のもとで享受してきた基軸通貨国特権を失う。リュエフの主張とドゴールの戦略との間には見事なまでに親和性があったのである。

記者会見の一週間後に、財務大臣ヴァレリー・ジスカールデスタンがフランスの国際通貨政策について演説し、ドゴール声明を補完する。この演説は、前年の一九六四年秋に東京で開催されたＩＭＦ総会で彼自身が行った発言を大幅に修正するものであった。ＩＭＦ総会では、ジスカールデスタンは金為替本位制に反対すると明言したものの、将来における流動性の不足に備えて金以外に「信用手段」を国際流動性に加えることと、国際通貨制度の改革は漸進的に進める必要があること、の二点を確認していた。ところが一九六五年二月の演説では、彼は各国にたいして、国際決済を金によってのみ行い、保有する準備通貨ドルを徐々に減らしていくよう呼びかけるとともに、今後フランスは通貨政策を金本位制の原則にもとづいて遂行すると言明した。

ジスカールデスタンの演説それ自体は目新しいものではなかった。一九五八年末に通貨の交換性を回復して以後、フランス、オランダ、スイスなどの西欧諸国は、アメリカの圧力をうけてドルを自由に金と交換できない分断国家の西ドイツを別にして、基本的に金本位制の原則にもとづいた通貨政策を実施していたからである。この演説の意義は、他の諸国にたいしてフランスに倣うよう公然と呼びかけた点にある。(2)

ところで、ドゴールの記者会見から直接影響をうけるのはアメリカである。このアメリカでは、会見は一般に「反米的である」と受け取られた。ドゴール自身もそうした反応を予想しており、声明ではアメリカに配慮した慎重な表現が用いられていた。とはいえ、金本位制の復活によりアメリカが基軸通貨国特権を失えば、国際政治におけるこの国の影響力も低下せざるを得ない。ドゴールの記者会見がアメリカ国民にとって愉快でなかったことは明らかである。

しかし世論の反応もさることながら、重要なことはアメリカの当局者たちがこの会見をどう分析していたかである。この点については、ロバート・ソロモンが一九九〇年に、ドゴール生誕一〇〇年を記念してパリで開かれた研究集会で講演し、興味深い指摘をしている。ソロモンはアメリカ連邦準備制度出身のエコノミストで、OECDの第三部会でアメリカ代表を務め、さらにG10の専門委員会でSDRの創設に立ち会うなど、一九六〇年代の国際通貨制度改革問題に深く関与していた。

ソロモンはまず、ドゴールが国際通貨制度の歴史にも、またその技術的側面にも通じていることがうかがえるとして、この問題領域におけるフランス大統領の認識を高く評価する。そのうえで彼は、一方の記者会見における大統領と、他方のジスカールデスタンに代表されるフランスの経済財務当局の代表たちが国際諸機関で行ってきた主張や提案との間には、二つの点で重要な齟齬があると言う。第一に、一九六三年以来フランスの代表たちはG10の専門委員会において、「集合準備単位」(CRU)という名称の国際準備通貨の創設を提案していたが、ドゴールはこれに言及していない。第二に、IMF東京総会でのジスカールデスタンの発言からもうかがえるように、一九六四年秋までは、フランスの経済財務当局はアメリカおよび他の諸国の代表たちと同様、アメリカ政府が用意した議論の大枠のなかにとどまっていた。ところがドゴールは、もっぱら金本位制への復帰の必要性だけを主張していた(3)。

ソロモンが右の二点に注目していたということは重要である。フランスが国際協調に配慮した従来の路線と決別し、「漸進的な」国際通貨制度改革を全面否定する立場に転じた、とアメリカの実務当局者が認識していたことを意味するからである。アメリカはドゴールの記者会見以後、国際通貨制度問題にたいする従来の姿勢をいっそう固いものとし、フランスにたいして対決姿勢をとることになるが、その背景にはこのような認識があったのである。

第二節　超大国に拒否された金価格引上げ構想

自国の大統領が年来のリュエフの主張に沿った声明を発表したことにより、リュエフは自らの発言に制約を設ける必要がなくなる。これ以後、リュエフは各国から舞い込む講演依頼に応え、国際通貨制度に関する具体的な、自らが「建設的」と呼ぶ改革構想について積極的に発言するようになる。彼がこの改革構想をまとまったかたちで公にする最初の場として選んだのは、それぞれ一九六五年四月一五日と同年五月二四—二五日に行われたニューヨークとロンドンにおける講演である(4)。なお、リュエフのニューヨーク講演はアメリカ連邦議会の公聴会の枠組みのなかで行われた。そこで明らかにされた構想は以下のようなものである。

国際通貨制度の現状は一九三一—三三年の大不況期に酷似している。これまでにアメリカ政府が国際収支の赤字とドル危機にたいしてとった対策は、いずれも時間稼ぎの域を出ていない。国際収支の赤字は毎年二〇億ドルずつ増え、金準備の方は一〇億ドルずつ減少している。このまま行けば、間違いなく深刻な危機に立ち至る。危機はアメリカだけに留まらない。それは「西欧の危機」であり「文明の危機」である。

危機を回避するには金による国際決済を再開するしかない。ただし、その場合にはアメリカは膨大な対外債務の清算を迫られるが、現在のアメリカには清算に必要な金がない。しかしリュエフによれば、清算を可能にする方法はある。一つはロバート・トリフィンの案で、IMFのような国際通貨機関に新しい国際通貨を発行する権限を付与するというものである。この案にはインフレへの扉を開きかねないという難点がある。いま一つはリュエフ自身の案で、ドルの金価格を二倍に引き上げ、それによって生じる金ストックの名目価格の増加分で債務を返済するというものである。金価格を二倍にするのは、一九三四年二月に大統領フランクリン・ローズベルトがドルを金一オンス＝二〇・六七ドルから三五ドルに切り下げて以降、アメリカの物価が二倍に上昇しているからである。金価格を二倍にすればアメリカの保有する金は三〇〇億ドルとなる。他の諸国の中央銀行にたいするアメリカの債務総額は一三〇億ドルであるから、債務を返済してもなお一七〇億ドルが残る。この方法であればアメリカ経済がデフレに陥ることはない。

このリュエフの提案を支えていたのは次のような考え方である。流動性の不足が問題になるのは金の重量が不足しているからではない。物価が大幅に上昇しているにもかかわらず金の価格が低い水準に固定されているために、金の名目価格の不足が生じているからなのである。金の価格を現在の物価水準に合わせて引き上げれば問題は解決するし、金の採掘量も増大する。一九三四年二月にドルが切り下げられたおかげで西欧文明は崩壊の危機から脱出することができた。今日のアメリカにもかつてと同様の行動が求められている。

アメリカと同様、いま一つの基軸通貨国イギリスもポンド・バランスを清算する必要がある。ただしドルとはやや事情が異なる。イギリスの債務は旧自治領諸国にたいするものであり、旧自治領諸国とイギリスとの間には紳士協定があるからである。このポンド・バランスの清算についても、ドルと同様のスキームが適用できる。とはいえ、イギリスの保有する金の量が少ないために、金価格を二倍に引き上げてもポンド・バランスは清算できない。だが、すぐ後で述べる国際的な対英金融支援という方法を採れば清算は可能となる。

リュエフが提案する金価格の引上げはドルの切下げと似ている。通貨の切下げはどの国でもタブー視されており、アメリカも例外でないことはリュエフも承知していた。このため、彼は自分の構想と一九三四年二月のドルの切下げとの間に大きな違いのあることを力説する。まず、金価格の引上げはかつてのように大恐慌が発生した後ではなく、その前に実施する。次に、金価格の引上げは、他の西側諸国も国際協定を結んでアメリカと同時に、かつアメリカと同じ比率で実施する。このようにするならドルの切下げとは言えないはずである。もちろん、アメリカおよびイギリス以外の国が金価格を引き上げれば、それらの国でインフレが発生する。しかし、金の再評価によって生じる金準備の名目額の増分のうち、半分をポンド・バランスの清算を支援するためにイギリスに貸与し、残る半分を自国の中央銀行への債務返済に充てることにすれば、インフレは回避できる。リュエフの構想は壮大だっただけに、その実現可能性が問題になるが、彼自身は、アメリカが同意すれば他の諸国もそれに倣うと見ていたのである。

一九六五年四月のニューヨーク講演にたいする聴衆の反応は好意的で、リュエフは拍手喝采を浴びたという。しかしその折、彼は連邦準備制度理事会議長からこう耳打ちされている。連邦公開市場取引委員会に参加している五人の連邦準備銀行総裁のうちの三人が金価格の変更に反対している。したがって「われわれの立場は決まっており、それは動かせない」。これを聞いたリュエフは同議長にこう警告した。そうであるなら、アメリカはドル残高を保有する諸国がドルの金への交換を要求しても、それを妨げるべきではない。ただし、この要求に応じればアメリカは金の支払い停止に追い込まれる、と。(5)

ところでリュエフは、金価格の引上げを提案する一方で、国際機関で進められていた国際流動性の増大に向けた取組みを痛烈に批判する。彼は一九六五年九月、IMFの年次総会の直前に、「洪水のさなかでの灌漑計画」と題する論文をル・モンドとザ・タイムズ両紙に寄稿し、(6)そのなかでG10の専門委員会（当時の委員長はリナルド・オッソラ）の委員たちに辛辣な言葉を浴びせている。その要点を以下に紹介しよう。

米、英以外の諸国では通貨は過剰である。現にそれらの国はインフレに見舞われており、「安定計画」や「所得政策」が実施されている。世界全体で見れば流動性は不足しておらず、米、英二つの基軸通貨国だけが国際的な決済手段を必要としているだけである。これら二国だけが、ドルとポンド以外の通貨を、新たに金を失うことなく、また新規に借入れをすることなく、国際収支赤字をカヴァーするために必要としているのである。各国からIMFおよびG10に送り込まれた金融専門家たちは、「洪水のさなかに畑に水をやっているようなもの」、あるいは「雨が降りつづいているのに、将来起こるかもしれない干ばつへの対処法を研究しているようなもの」である。彼らはさながらアンデルセンの童話に登場する「裸の王様」である。とくにG10の責任は重大である。利害当事国は米、英だけであるのに、すべての西側諸国が当事国であるかのように、「一般利益」の名のもとに流動性を創出しようとしている。このような対応をつづければ、いずれ「深刻な問題」が生じるであろう。必要とされているのは国際協調によるドルの救済ではなく、「国際通貨制度の有効な改革」である。

第三節　攻勢に転じたアメリカ、孤立を深めるフランスとリュエフ、深刻化するドル危機

局面の転換と孤立するフランス

一九六五年当時のフランス財務省国際経済局長ピエール・エステヴァは、この年の半ばからアメリカが従来の立場にいっそう固執するようになったと証言している。[7]実際、同年七月には、財務長官に就任して間もないヘンリー・H・ファウラーが国際収支健全化計画を発表し、アメリカの国際収支赤字は一九六六年末までに解消すると明言している。それと軌を一にしてEEC諸国もフランスと距離を置くようになる。アメリカからの圧力もさることながら、ドゴールが政権に復帰して以降、フランスがEEC内で孤立を深めていたことが、[8]西欧諸国のフランスへの同調を困難にしていた。

さらに、各国の経済・財務官僚の姿勢にも問題があった。彼らは戦中・戦後世代で、ケインズ主義の洗礼をうけており、行政手段による介入以外の政策を知らなかった。それだけに、金本位制に復帰し、価格メカニズムによる調整を復活させた場合には、不測の事態が発生する怖れがあ

ると考えたのである。欧州諸国（西ドイツを除く）[9]の官僚たちが、二つの大戦を介して定着した介入主義の呪縛から解放されるのは一九八〇年代に入ってからのことである[10]。それゆえ一九六〇年代における彼らの否定的な反応もうなずける。

ともあれドゴールとジスカールデスタンの呼びかけには、米、英はもとよりＥＥＣ諸国も肯定的な反応を示さなかった。フランスが頼りとするドイツがアメリカの意に反する行動がとれないだけに、状況はフランスにとって決定的に不利であった。早くも一九六五年七月、フランス政府は軌道修正を余儀なくされる。フランス財務省はアメリカ財務省と協議した後に、国際通貨制度の再構築に関する議論を先送りする旨の記者発表をする。

こうした一九六五年半ば以降における事情の変化は、Ｇ10のオッソラ（次いでエミンガー）委員会における国際準備資産の創設問題の推移にはっきりと反映されている。同委員会では当初、フランス財務省の代表たちは金で保証されたＣＲＵの創設を提案していた。このフランス案では、ＣＲＵは金の保有量に比例して各国に配分され、最終的にドルに取って代ることになっていた。ＣＲＵにはリュエフの構想と重なる部分があったのである。これにたいしてアメリカは、当初、国際準備資産創設の必要性を認めていなかった。ところが財務長官にファウラーが就任すると、金による保証のない準備資産の創設を提案するようになる。このアメリカ案には他のＥＥＣ

諸国が同調したが、フランスは国際流動性の不足には金価格の引上げによって対処し、新資産は信用の一形態にとどめることを主張し、これに異を唱えた。しかしフランスの抵抗も空しく、国際準備資産は一九六九年七月に、金の裏づけのない、ＩＭＦからの「特別引出し権」（ＳＤＲ）として日の目を見る。

このようにして誕生したＳＤＲを、前出のソロモンはこう評価している。「世界史上初めて、人為的に、また多数国の決定にもとづいて準備を創造することが可能になった」。それは「金の廃貨」へ道を開くものである。[11] ケインジアンとして知られるソロモンは、ＳＤＲを、かつてケインズがブレトンウッズ会議に向けて構想したバンコールと重ね合わせていたようである。

ところでリュエフは、フランスへの逆風が強まっていた一九六六年九月、「行動の時」と題する論文[12]をル・モンド紙に発表する。この論文で彼は、自らの構想をさらに技術面から詰めるとともに、構想に向けられたさまざまな批判に答えている。ここで彼がこころみた反論は、いずれの批判も問題の本質から外れているというものであった。反論の一例を紹介しよう。

ロバート・トリフィンやジェームズ・トービンなど何人かの高名な経済学者たちは、アメリカが金価格の引上げに応じないのは産金国のソ連と南アフリカを利するという政治的理由からだとしていた。彼らは当時アメリカ政府の職員で、ＯＥＣＤに出向していたから、これはアメリカ政府の内部で語られていた、いわば準公式の理由だった可能性がある。リュエフは理論家らしく、彼らからの批判にこう反論している。ソ連の輸出品は金以外に石炭、石油、綿花などがある。これらの輸出品の国際価格が上昇した場合には一体どう対処することになるのか、と。

このリュエフ論文の論調はしかし、後半になると一転して悲観的なものに変わる。リュエフはこう記している。西側諸国は自分の提案を受け入れないであろう。なぜなら、各国政府が、国際機関に送っている自国の代表たちに、金価格をめぐる問題に触れてはならないと職務命令を発したからである、と。彼はこの情報の出所に触れていないが、出所はフランス政府筋だと見て間違いない。リュエフはさらに、ドルの切下げはアメリカ国民が受け入れないであろうから、政治的に難しいとも言う。同じころ、彼はさらに踏み込んでこうも書いている。「唯一ではないにしても最大の障害は、アメリカの世論が金価格の引上げに反対していることにある。専門家たちが金価格の引上げについて沈黙しているのは、彼らがこうしたアメリカの世論を意識しているからにほかならない(13)」。

以上のようなリュエフの言説を裏づけるように、金価格の再評価は一九六六年末までにG10における議論から完全に排除される。それと入れ替わるようにアメリカでは金の廃貨に向けた議論が台頭し始める(14)。こうしてアメリカとEEC諸国は、ドゴール／リュエフの構想を葬り去った。

そして、アメリカの国際収支の赤字は対外支払いの削減によって解消できるとする、アメリカ政府が一九六二年に策定した方針を踏襲する。

SDRと金の二重価格制度――ロシアの革命家レーニンの教えを忠実に実践する西側諸国

一九六七年になると、国際流動性創出のための諸措置の掉尾を飾るSDRの創設が避けられなくなる。しかし一方で、アメリカの国際収支赤字は減らず、金の流出も止まらず、そのうえインフレも昂進していた。こうした危機的状況を背景にして、ゴールド・ラッシュが欧州の諸市場を見舞うようになる。ひときわ規模の大きなゴールド・ラッシュが発生した一九六八年三月一七日、中央銀行総裁会議が急遽ワシントンで開催された。この会議で、各国中央銀行間におけるドルと金との交換を現行の公定金価格で行うことが決まる。いわゆる金の二重価格制の採用である。また、それにともなって金プールが廃止される。

リュエフはこの間も講演ならびに論文執筆活動をつづけ、SDRと金の二重価格制のいずれをも厳しく批判した。これら二つの制度を扱った彼の総括的な論文は「起こるべきことは必ず起こる」の表題で、一九六九年六月四―六日にル・モンド紙に発表された(15)。この論文は英、独、米、日、ベルギー、ギリシャ、カナダ、南ア、等々の新聞にも転載された。日本の新聞とは朝日新聞である。そこで当時のリュエフの主張を、主にこの一九六九年論文に依拠して見ておこう。

まずSDRについて。リュエフによるSDR批判は以下の三点からなっている。第一に、SDRは単純な信用手段ではなく、紛れもない通貨である。この評価は先に引用したソロモンと同じであるが、その根拠はソロモンとは異なる。リュエフが根拠にあげたのは、SDRの利用にいくつかの条件を課すべきだとするフランス政府の主張が通らなかったことである。いくつかの条件とは、利用目的を対外債務の返済に限ること、利用はアメリカの国際収支が均衡を回復し、かつ流動性の不足が各国で確認された場合になされること、などである。

第二に、SDRの最大の受益国は巨額の国際収支赤字を記録しつづけるアメリカである。リュエフがこのように批判する根拠は次の二点にあった。(1)SDRの利用を決める基準は当該国の国際収支が赤字か否かであり、しかもSDRは対外購買力という限られた機能しかもたない。(2)SDRはIMFによって創造されるが、IMFにはアメリカの影響力が強く及んでいる。

第三に、以上のことから、そしてまたSDRはそれを受け取った債権国の通貨流通量を膨張させることから、この国際準備資産はインフレを助長する。

次に、金の二重価格制と金プールの廃止について。リュエフはこれらの措置を次のように批判する。その狙いは、アメリカに政治、経済、あるいは軍事面で依存する諸国にドルの金への交換を断念させることにある。それゆえ金の二重価格制は、いわば「監視された交換性」にほかならない。しかも、この制度には大きな限界がある。アメリカの国際収支赤字が増えつづければ、西ドイツのような国でドルの残高が許容限度を超える。すでにマルクへの投機がくりかえされているように、ドル残高を溜め込んだ国は自国通貨の平価切上げ圧力にさらされる。この圧力を緩和するには、ドルの一部をユーロ・ダラー市場に放出するしかない。信頼できるメディアの報道によれば、それはすでに西ドイツによって密かに行われている。さらに言えば、債権国がいつまでもアメリカの要求に応じつづける保証はない。突発的な事件でも発生すれば、西ドイツや日本のようなアメリカに弱みのある国といえども、権利として保証されているドルの金への交換を要求するはずである。

このようにリュエフは、SDRの創設と金の二重価格制というドル危機への新たな対応策を全面的に批判し、もはや国際通貨制度の破局が避けられなくなっていると主張する。しかし彼は匙を投げることはせず、なお解決策があると言う。それはドルの残高の一部を棚上げし、残りを金ないし他の国際流動性に換えることである。ただし、一九六五年当時よりも物価は上昇しており、金価格の引上げは二倍ではなく三倍にする必要がある。三倍への引上げは二倍に比べてはるかに大きな困難がともなうが、それでもリュエフは不可能ではないと言う。

たしかにドル危機をめぐるリュエフの議論は多岐にわたっていた。だが、その核心にあったのは次のようなシンプルな主張である。債務国アメリカが自ら信用収縮に手をつけることなく、国際協力の名を借りてさまざまな措置を講じて国際流動性を増やしても問題の解決にはならない。なぜなら、原因を放置して債権国に責任を転嫁するだけだからである。「ブルジョワ体制を打破するにはその通貨を腐敗させるだけで十分である」――これはロシアの革命家レーニンの言葉である。リュエフは一九七一年に出版した著書『西側世界が通貨面で犯した大罪』のエピローグでこの言葉を引用し、皮肉を込めてこう記している。「自由主義世界はこの〔レーニンの〕教えを忠実に実践しているように思われる(16)」と。

各種の弥縫策も空しく、アメリカはついに一九七一年八月、金／ドルの交換性停止に追い込まれる。国際通貨危機についてのリュエフの診断の当否は別にして、リュエフの予言が的中したことは疑いようがない。そのことはアメリカの政府当局者たちも認めるところであった。

第四節　残る二つの疑問

なぜアメリカは変動相場制を選択したのか

ロバート・ローザは一九六三年一〇月の論文で、国際通貨制度の選択肢には金為替本位制以外に金本位制と変動相場制の二つがあると書いていた。金為替本位制の維持を断念したアメリカは残る選択肢のうちの変動相場制を選択した。しかも国際協議を経ることなく、為替市場におけるドルの変動を放置することによって、この「制度にあらざる制度」に他の諸国が追随することを余儀なくさせた。これはビナイン・ネグレクト政策と呼ばれる。

では、なぜアメリカは金本位制ではなく変動相場制を選択したのか。先述したように、トリフィンとトービンは、アメリカが金本位制を採用しないのはこの通貨制度が産金国のソ連と南アフリカを利するからだと説明していた。一方、リュエフの業績をよく知るいま一人の経済学者ロバート・A・マンデルは、一九九六年一一月に開催されたリュエフ生誕一〇〇周年の記念シンポジウムで講演し、この点に関する自身の見解を開陳している。彼によれば、金本位制を滅ぼした要因の一つはアメリカであるが、「アメリカは悪意からでも残忍だったからでもなく、二つの世界大戦後の超大国としての立場上、滅ぼしたのである」[17]。これをリュエフ風に言い換えれば次のようになろう。アメリカはいずれの大戦後においても、自国経済と世界経済がデフレに陥るのを避けるために、ドルの金価格を引き上げなかっただけでなく、金為替本位制を採用することによってインフレを助長した。このように、超大国が調整を徹底して回避する政策を選択した結果として、世界は一九三〇年代と一九七〇年代の二度、大不況に見舞われた。

ここでは、さらにいま一つ、フランス財務省内で共有されていた解釈を紹介しよう。フランスを例にとるのは、この国が固定相場制の維持に執着し、一九七五年一一月までアメリカとの間で秘密協議をつづけたからである。このフランスによる解釈とは次のようなものである。

変動相場制のもとでは、為替相場の変動によって国際収支の均衡が自動的に実現し、国内経済も調整される。つまり、金本位制下と同様の効果が得られる。たしかにブレトンウッズ協定が失効したことにより、ドルは制度上、基軸通貨としての特権を失った。とはいえ、アメリカの国際貿易および国際投資がきわだって巨額であるために、準備通貨、決済通貨としてのドルの地位は揺るがない。よってドルは基軸通貨特権を享受しつづけられる。しかもブレトンウッズ協定下とは違い、アメリカがドルの安定に責任を負う必要はない。さらに、変動相場制への移行に際してアメリカ国民を説得する必要もない。変動相場制はアメリカの政権担当者にとって実に都合のよい制度であった。アメリカは国際流動性の不足への対応、さらには国際ケインズ主義という大義名分のもとに、主要な西側諸国をドルの救済に動員したものの目的を達成できなかった。このアメリカが、一転して単独で変動相場制を選択したのはこのためである。[18]

なぜリュエフは自らの主張を最後まで貫けたのか

表立って発言することはなかったものの、リュエフの主張に共感を覚える経済および通貨の専門家は少なくなかったようである。欧米の代表的なメディアが彼の論文を掲載しつづけたのは、まさにそのためであったと考えられる。実際、中央銀行間の国際協力の場として知られる国際決済銀行（BIS）では、総支配人ペル・ヤコブソンをはじめとする同行の幹部職員たちがリュエフと同じか、もしくは彼に近い考え方をしていた。[19] リュエフ自身もまた、自伝に、自分を支援してくれた代表的な人物として、ドゴール大統領府官房長エティエンヌ・ブュランデロジエ、経済通として知られる当時の外務大臣で後に首相を務めるモーリス・クーヴドミュルヴィルの二人をあげている。また、金価格の引上げには同意しなかったものの「私の努力に好意と尊敬」を示しつづけてくれた二人の友人として、アメリカ連邦準備制度理事会議長ウィリアム・マチェスニー・マーチンと財務次官補ロバート・A・ローザの二人をあげている。さらに、アメリカの通貨当局の何人かの高官が「私の分析を理解し共感を示した[20]」と記している。

たしかにリュエフは孤立無援ではなかった。とはいえ公然と金の復権を説き、金価格引上げの論陣を張ったのはリュエフだけである。彼は、フランスのみならず西側世界の大多数の当局者たち、そしてアメリカの世論をも敵に回して、最後まで持論を説きつづけた。なぜこのようなことができたのか。考えられる理由は三つある。

第一はリュエフの財務官僚としてのキャリアである。第四章で詳しく紹介したように、彼は一九二三年秋にフランス財務省に入省してから第二次世界大戦に至るまで、同省のエリート官僚として、緊張と波瀾に満ちた国際通貨問題と格闘していた。それだけに彼は、他の誰よりも国際通貨制度、とくに金為替本位制のメカニズムに通暁していると自負していた。

第二は、リュエフの経済学研究が、自らが着想した独創的な哲学・科学方法論に基礎を置いていたことである。彼は狭い意味における経済学者ではなかったのである。第一章で紹介したように、リュエフによれば、科学における理論は、自然のなかに観察できる因果連関を人間が必要とする法則として定式化したものである。この点では経済学と物理学などの自然科学との間に違いがない。同じくリュエフによれば、「社会は宇宙の営み全体によって実現され、存在している」のである。かくて、経済学の理論すなわち古典理論から乖離した不均衡な経済社会は、個人に自由が保証されているかぎり、つまり個人が浮遊するガスの粒子のように自由に行動できる限り、いずれ破局に立ち至らざるを得ないことになる。

第三は、議会制民主主義のもつ負の側面にたいするリュエフの強い危機意識である。彼はすでに一九三三年二月の講演で、議会制度が私的利益の代表機関と化し、国民に不人気な政策の実施が難しくなっていることを問題にしていた(21)。しかし当時は、それでも知的で、人格高潔な人物が存在することに希望をつないでいた。ところが一九三〇年代末から、そしてとくに第二次世界大戦後にケインズ主義が各国で国論を支配するようになると、リュエフはそのような人物はもはや存在しないと考えるに至っていた。一九六五年二月のロンドン・エコノミスト誌とのインタビューのなかで彼は、金為替本位制のもとでも理論上は信用政策によって通貨供給量を収縮させることができるとしつつも、こう述べている。

アメリカは過去五年間、巨額の国際収支赤字を出している。金本位制のもとであれば総需要の自動的な収縮によってなされたことを、アメリカは意識的な信用〔引締め〕政策によってしようとしなかった。それは、そうした政策が実施できないことの証しである。なぜできないのかといえば、議会制民主主義体制のもとではこのような困難な政策を遂行できる国は存在しないからである。……総需要の収縮は、毎日、自動的に、つまり誰にも気づかれないように常にわずかずつなされない限り、できないものなのである。(22)

リュエフは議会制民主主義の発達した今日であるからこそ、「見えざる手」すなわちミクロ・レヴェルの調整に委ねる必要があると言うのである。彼はSDRをインフレの源泉になるとして危険視していたが、その理由の一つは、IMFにはこの資産をインフレ的な方向でしか管理できないと彼が見ていたからである。

興味深いことにケインズは、彼の没後にエコノミック・ジャーナル誌に掲載された最後の論文で、経済学者たち（ネオケインジアン）の間に見られる古典理論を軽視する傾向をこう戒めていた。古典理論には永遠の真理がいくつか含まれている。そのなかには「自然の力」や、今日なお均衡を回復させてくれる「見えざる手」さえある。古典理論にもとづく療法を退けるなら、その場しのぎの対応策を次から次へと繰り出さざるを得なくなり、均衡は永遠に取り戻せないであろう。ケインズはこの論文で、ケインズ理論の心酔者たちに、自分の理論は自然の力や見えざる手に代替し得るものではないことを伝えたかったものと思われる。

ケインズの意図は別にして、彼が残した最後のメッセージは、おどろくほどドルおよび国際通貨制度問題についてのリュエフの議論と似ている。リュエフは、一九六〇年代後半の論文および著書のなかで、自分の考えが決して特異なものでないことの証左として、ケインズの最後の論文を少なくとも二回、引用している。(23) 最晩年のケインズとリュエフの間には接点が生まれていたのである。

註

（1） 以上、ドゴール声明については、Charles de Gaulle, *Discours et messages*, t.IV, Paris, Plon, 1970, pp.330-334. を参照。

（2） 一九九〇年のドゴール研究集会におけるフランス財務省国際経済局長ピエール・エステヴァの証言。Institut Charles de Gaulle, *De Gaulle en son siècle*, t.3, Paris, La Documentation française, 1992, p.150.

（3） *Ibid.*, p.127.

（4） *OCJR*, III-2, pp.180-195.

（5） Jacques Rueff, « Le système monétaire international », exposé devant le Conseil national économique, 18 mai 1965. Repris dans J. Rueff, *Les fondements phylosophyques, op. cit.*, pp.510-511.

（6） Jacques Rueff, « Des plans d'irrigations pendant le déluge », *Le Monde*, 24 septembre 1965. Repris *dans OCJR*, III-2. Cf. *The Times*, September 24, 1965.

（7） Institut Charles de Gaulle, *De Gaulle en son siècle, op. cit.*, t.3, pp.150-151.

（8） この点については、権上康男『通貨統合の歴史的起源——資本主義世界の大転換とヨーロッパの選択』

（日本経済評論社、二〇一三年）三二一―三六頁、を参照。

（9）この国では、戦後いち早く新自由主義が「社会的市場経済」の名で定着していた。本書、第八章、一八〇―八一頁、を参照。

（10）権上「新自由主義はどのようにして経済社会を支配するにいたったか」（前掲論文）、一四九頁以下；Yasuo Gonjo « Le plan Barre (1976): origine historique de l'adaptation de l'économie française à l'environnement international moderne», in Danièle Fraboulet et Philippe Veheyde (dir.) , *Pour une histoire sociale et politique de l'économie*, Paris, Editions de la Sorbonne, 2020.

（11）Solomon (Robert), *The International Monetary System, 1945-1981*, New York, Harper & Row, 1982, pp.147-148.（ロバート・ソロモン著／山中豊国監訳『国際通貨制度研究　一九四五―一九八四』千倉書房、一九九〇年、二〇五頁。）

（12）Jacques Rueff, « Le temps d'action », *Le Monde*, 27 septembre 1966. Repris dans *OCJR*, III-2.

（13）J. Rueff, *Le péché monétaire, op. cit.*, p.141.（前掲邦訳、一三七頁。）

（14）エステヴァの証言。Institut Charles de Gaulle, *De Gaulle en son siècle, op. cit.*, t.3, p.151.

（15）Jacques Rueff, « Ce qui doît arriver arrive », *Le Monde*, 4, 5 et 6 juin 1969. Repris dans J. Rueff, *Le péché monétaire, op. cit.*（前掲邦訳。）

（16）J.Rueff, *Le péché monètaire, op. cit.*, p.381.（前掲邦訳、二四九頁。）

（17）Commissariat général du Plan, *Jacques Rueff, Leçons pour notre temps* , Paris, Economica, 1997, p.40.

（18）権上、前掲書、一三四、一三六―一三七頁、ほか各所。

（19）矢後和彦『国際決済銀行の二〇世紀』蒼天社出版、二〇一〇年、一七六―一八四頁。

(20) *OCJR*, I, p.272; J. Rueff, *Le péché monétaire, op. cit.*, pp.162-163.（前掲邦訳、一五六頁。）

(21) 本書、第十章、二〇六頁、を参照。

(22) J. Rueff, *Le péché monétaire, op. cit.*, pp.103 et 109.（前掲邦訳、一〇二、一〇七頁。）

(23) たとえば *OCJR*, I, p.292.

第二部　自由主義の再定義と新自由主義

第八章　一九三八年、パリで産声をあげた新自由主義

ここで再び第二次世界大戦前に戻ろう。一九三八年八月、自由主義者として知られるアメリカの著名なコラムニストで、『よい社会』(1)の著者ウォルター・リップマンが欧州を訪れた。これを機会に、八月二六日から三〇日まで、欧州の自由主義者たちによるシンポジウム――通称「リップマン・シンポジウム」――がパリで開催された。その一カ月後の九月末には、ナチス・ドイツによるズデーテン併合要求をめぐって、ミュンヘンで英、仏、伊、独の四カ国首脳会談が開かれる。リップマン・シンポジウムは欧州に世界戦争の危機が迫っていたさなかに実施されたのである。五日間にわたるシンポジウムを契機に、一九世紀のマンチェスター派の自由主義とは性格を異にする自由主義が、「新自由主義」(ネオリベラリズム)の名称で国際的な地平で市民権を獲得する。

リップマン・シンポジウムを理論面から支えたのはリュエフである。彼は当時、財務省国庫局

長の要職にあった。折しもこのころから、彼は思索の重心を貨幣理論から社会理論へと移していく。一九四五年に出版された『社会秩序』は彼の新たな思索の到達点であった。その一方で、リュエフは新自由主義をわがものとし、経済・社会領域に国家が介入できる範囲を理論的に画定することになる。こうして彼は、同時代の社会と政治の要求に応えられる政策技術を手に入れた。これはリュエフが、ケインズとはまったく異なるアプローチをとりつつも、ケインズと同等の位置に立ったことを意味する。リュエフは第二次世界大戦後に、欧州司法裁判所に身を置きながら、時の政府にたいして制度や政策の大胆な改革提言を行い、重要な実績をあげる。そうした彼の活躍を支える理論面の土台は第二次世界大戦前夜に用意されていたのである。

かくてリップマン・シンポジウムは、リュエフの理論家・実務家としての人生の大きな転換点に位置していたと言える(2)。

第一節　リップマン・シンポジウム

このシンポジウムを組織したのは、フランスの哲学者でグルノーブル大学教授のルイ・ルージエである。彼は幅広い国際人脈の持ち主で、ウィーンの哲学者たちとも交流があった。一九三〇年代後半には、彼はパリで自由主義に関する著作物の出版に携わっている。彼が手掛けた出版物には、前出のリップマンの他にヴィルヘルム・レプケ、フリードリヒ・フォン・ハイエク、ライオネル・ロビンズなどの著作の仏語訳がある。

シンポジウムには八カ国から二六名の自由主義者が参加した。そのなかにはレプケ、ハイエク、ルートヴィヒ・フォン・ミーゼス、マイケル・ポランニーなど、比較的若い世代の著名な経済学者や哲学者が含まれていた。フランスからはルージエ、リュエフの他に、哲学者レイモン・アロン、後の欧州委員会副委員長ロベール・マルジョラン、さらにこの国の電力、電機工業、アルミニウム工業のそれぞれを代表する三人の革新的企業経営者が参加していた。

自由主義は刷新され、改訂されねばならない(3)

リップマン・シンポジウムはルージエとリップマンの基調報告で開幕した。

最初に登壇したルージエはまず、自由主義が社会主義とファシズムに圧迫され、衰退している現状を確認する。彼によれば、それには原因が二つある。一つは、自由主義がマンチェスター派の自由放任主義と同一視されてしまったことである。しかし、自由主義とは本来、国家によってつくられた法制度の枠組みのなかで機能するものである。それは法律の介入を前提としており、自由放任主義とは異なる。とはいえ、自由主義社会で現実に生じている経済問題を法制度に委ね、均衡はいずれ回復すると言っただけでは済まされない。ケインズ風に言えば、自由主義は「短期の」問題にも対応できなければならないからである。それゆえ、経済への国家の介入も必要である。ところが自由主義者にはそうした認識が不足していた。ここに、自由主義が衰退した第二の原因がある。

以上の基本認識にもとづいて、ルージエは課題を二つ提示する。第一に、マルクス主義が説くように、自由主義の衰退はそれ自体の発展法則に由来しており、避けられないことなのか。第二に、経済的自由主義は大衆の社会的要求を満足させることができるのか。ルージエによれば、これら二つの課題に応えられない限り自由主義に未来はない。

つづいて登壇したリップマンは、西欧世界が直面している危機的な状況を文明史のなかに位置づけて、雄弁に、かつ熱く語った。彼によれば、民主主義、個人主義、経済的自由主義、科学的実証主義に向かっていた「進歩の世紀」（一九世紀）は、戦争、革命、反動の時代に取って代わられてしまった。ウィリアム・グラッドストンのような人物が語った旧い自由主義の復活を待っても意味がない。事態は切迫している。共産主義、国家社会主義、ファシズムという全体主義諸国家が、二千年以上もの厳しい試練を経て形成された西欧文明を攻撃している。最後に、リップマンは基調報告をこう締め括る。「自由主義者たちの使命は、一九世紀に完成した理論を説くことではありません。それは、さまざまな考え方の広範囲にわたる改訂に着手することと、文明の防衛のための闘いを決然として進めることなのであります」。

基調報告の後に行われた討論は、あらかじめ用意された主題ごとに七つのセッションに分けて行われた。なかでもその核心に位置するのは、ルージエが提起した課題をとりあげた第一セッションと第四セッションである。

第一セッションでは集積と独占が主な検討対象となった。集積と独占のいずれにたいしても、論者たちの評価は総じて楽観的であった。なかでもドイツ＝オーストリア系の経済学者たちは強制カルテルを例に引きつつ、独占は国家が関与することによって生まれるものであり、国家の関与がなければ問題になり得ないと主張する。ミーゼスは、独占がすべて悪いわけではないとさえ言う。彼らの集積にたいする評価はいっそう楽観的であった。集積は技術進歩や生産力の発展を意味するものであり、それ自体は即競争の後退を意味しない、というのが発言者たちに共通する認識であった。

第四セッションでは、経済の変動や調整が産業ならびに労働者にもたらす「損失」や「痛み」が問題となった。ここでは、冒頭でリュエフが二つ論点を提示し、それにもとづいて討論が行われた。論点の一つは、自由主義は社会的任務を果たせるかであり、いま一つは、自由主義は万人に最低生活費を保証できるかである。

まず、第一の論点について。リュエフは次のように自説を展開する。人々が生活に不安を覚えるのは経済が均衡していないことに原因がある。人々の不安は「不均衡な経済の社会的表現」なのである。とくに一九二九年恐慌以降は、経済の均衡回復の遅れが社会不安を著しく高めている。均衡回復の遅れは、今日の経済システムに調整力、なかでも貨幣の調整力が欠けていることに原因がある。恐慌が発生してからは、金の流入と通貨発行との結びつきを遮断する金不胎化政策、金為替本位制の一般化、中央銀行間協力など、もっぱら貨幣の調整力を弱める努力がなされてきた。貨幣以外でも、個々の国がさまざまな保護措置を講じたことにより、経済の再調整が妨げられている。かくてリュエフによれば、経済システムが調整力を取り戻さない限り、自由主義が社会的任務を果たすことは難しい、ということになる。

第二の論点で問題になるのは賃金である。リュエフによれば、価格メカニズムが働いている限り賃金は物価の変動に追随する。また、国家が賃金水準を維持しようとして介入すれば失業が増える。さらに彼はこうも言う。人はよく、労働者に最低水準の生活保証をするための財源をどこに求めるべきかと問う。この問いは問い自体が間違っている。なぜなら、経済制度というものは、生産活動と両立し得る最大限のものを労働者に支払うことを目的としているからである。問うとすれば、そうした目的を達成するには、価格メカニズムに委ねる制度と、あらかじめ賃金水準を固定する制度のいずれが優れているかである。この正しい設問へのリュエフの答えは、「経済領域への国家の介入はいずれも労働者の貧窮化しかもたらさなかった」というものである。

リュエフはこの短い論点提示のなかで、自由主義者が取り組むべき課題を次のようにまとめている。「国家が教育などを引き受けねばならないことは明白です。真の問題は自由主義国家における介入の限界という問題です。価格メカニズムと両立し得る介入の形態は何か、ということであります」。この報告につづいて経済学者たちの発言が相次いだが、リュエフの見解に異論を唱える者も、それを超えるような発言をする者もいなかった。

ともあれ二つのセッションにおける討議から導かれたのは、自由主義に未来はあり、自由主義の再生は可能であるという結論である。

自由主義のアジェンダ（新自由主義綱領）

シンポジウムの最終日に、リップマンによって新自由主義綱領とも呼べる六項目からなる「自由主義のアジェンダ」案が読み上げられた。その要点を抜粋して以下に引用しよう。

(1)　……自由な市場で機能する価格メカニズムによってのみ、生産手段の最良の利用と人々の欲望の最大限の充足が可能となる生産組織が得られる。

(2)　市場で成立する均衡点は、所有権、契約、団体や法人、特許や破産、通貨、銀行および財政制度に関する諸法律の影響をうけるし、またそれらによって最終的に決まる。……経済活動の自由な発展に必要な枠組みとなる法制度を決める責任は国家に帰属する。

(3)　……（略）……。

(4)　法体制の目的は、他の社会的諸目標によって決まる制約条件のもとで、生産からもたらされる効用の最大化を保証することにある。

(5)　自由主義的原則にもとづく生産組織は、個人消費から国民所得の一部が控除されて共同社会の目標に充当されることを妨げない。自由主義国家は国民所得の一部を租税によって吸い上げ、それを以下のような共同社会の必要に充てることができるし、また充てなければならない。㈠国防、㈡社会保障、㈢社会事業、㈣教育、㈤学術研究。

(6)　かくて自由主義は市場における価格メカニズムによる生産の調整を基本公準とする。だが、われわれの望む体制のもとでは以下のことが認められる。

(A) 市場価格は所有および契約制度の影響をうける。
(B) 最大効用は社会的善であるが、必ずしも追求されるべき唯一のものというわけではない。
(C) 生産が価格メカニズムによって支配される場合であっても、そのシステムが機能する際に生じる出費は共同社会に負担させることができる。……この場合、介入は改めようとする状況の原因に作用するものでなければならず、国家に個別の状況を裁量的に変更する手段を付与するものであってはならない。(4)

以上の六項目によって定義づけられた（新）自由主義は今日、アメリカを介して世界に普及している新自由主義とは異なる。なかでも、社会的側面の占める比重が大きい点に顕著な違いがある。なお、アジェンダの原案作成過程は明らかでないが、リュエフが理論面で決定的な役割を果たしたことは間違いない。それを裏づけるように、アジェンダ案は次節で紹介するセミナーでのリュエフの発言と多くの部分で重なっている。

アジェンダ案にたいする出席者たちの反応は好意的なものばかりであった。とくに自由主義のおおもとを効用の最大化ではなく価格メカニズムに置き、国家の介入を幅広く認めている点を評価する意見が多かった。こうしてアジェンダ案は異論なく了承された。なお、シンポジウムの最終日における討論はリュエフの次の言葉で締め括られた。「議論されたのは政策の問題、すなわち政府の行動が委ねられるべき決まりの問題であって、科学の問題ではありません。」つまり、再定義された自由主義はもっぱら国家の政策にかかわるものであり、（古典的）経済理論を修正するものではない。

シンポジウムでは、再定義された自由主義の名称についても意見交換がなされている。社会自由主義、自由主義左派、積極的自由主義、新自由主義などの名称が候補にあがったものの、結論を得るにいたらなかった。しかしこのシンポジウム以後、大陸欧州のメディアは新自由主義という用語を使うようになり、自由主義者の多くもこれに倣うようになる。

最後に、シンポジウムは次の三項目を決議して閉幕した。⑴自由主義刷新国際研究センター（以下では「国際研究センター」と略称）を創設し、その本部をパリに置く。⑵同研究センターの支部をリップマンがアメリカ、ハイエクがイギリス、レプケがスイスに、それぞれ組織する。⑶次の国際大会は一九三九年にパリで開催する。論題は「価格メカニズムと両立する公権力の介入形態」とし、リュエフに報告を求める。

第二節　価格メカニズムと両立する公権力の介入形態

国際研究センターは、仏独間の軍事緊張がいちだんと高まるなかで予定通り創設された。その本部はパリのミュゼ・ソシアル内に置かれ、会長にはアルミニウム工業の会長ルイ・マリオが就任した。会員数は四八名で、その半数がフランス人、残る半数が非フランス人であった。非フランス人会員のなかで多数を占めたのはベルギー人である。フランス人会員で特筆すべきは、シャルル・リストなど高名な経済学者たちの他に、フランス雇主連盟の会長と役員、および人民戦線政府の閣僚や社会党系労働組合の指導者が含まれていたことである。なお、シンポジウムに出席しなかったロンドン大学ＬＳＥのライオネル・ロビンズも会員登録をしていた。

国際研究センターは一九三九年九月にフランスとイギリスが対独宣戦布告をするまで、ごく短期間ながら、セミナーの組織や会報の発行など、活発な活動を展開した。前年のシンポジウムで予告されていたリュエフの報告は、同年三月に、国際研究センター主催のセミナーで行われた。

リュエフ報告(5)——「自由主義的介入」

リュエフはこの報告で、前年のシンポジウムでは部分的にしか語らなかった自らの自由主義理論を全面的に展開している。そこには「自由主義的介入」と呼ばれることになる、国家の介入に関する彼の理論の特徴がよくうかがえる。

リュエフは本論に入る前に次の三項目を確認する。第一に、経済組織というものは均衡状態になければ存続できない。第二に、経済均衡の維持は計画にもとづいてなされるのではなく、価格メカニズムによってなされねばならない。第三に、経済システムの最重要目標は恵まれない人々に最大限の福利をもたらすものでなければならない。

リュエフはもっとも単純な理論モデルを使って本論を展開する。それは小麦が唯一の生産物となっている、均衡状態にある経済である。そのような経済のもとで火災が発生し、小麦の一部が焼失したとする。すると人々は小麦の代替生産物を求めるようになり、小麦の需要はしだいに減少する。一方で小麦は高値を呼び、それに刺激されて未耕作地が開墾され、小麦の作付けが増える。こうして、やがて均衡が回復する。このモデルでは、価格メカニズムは完璧に機能しており、それは環境の変化に応じて経済均衡を回復させる方向に作用している。

火災から生じたと同じ状況は国家の手でも創り出せる。たとえば、国家が小麦を海に投棄したとする。この場合にも価格メカニズムは作用し、均衡は回復する。つまり価格メカニズムは、それを取り巻く環境のいかんにかかわらず機能するものなのである。これとは反対に、小麦の価格を一定水準以下に抑えるような、価格そのものにかかわる介入がなされた場合には、価格メカニズムは機能しなくなる。その場合には経済均衡はブロックされ、通貨が安定している限り——言いかえれば、通貨が減価することがない限り——均衡は回復しない。

人道的、社会的目的から国家が労働領域に介入する場合も同じである。労働時間の変更は労働の供給に、したがってまた賃金の原因に作用する。国家が法定労働時間を短縮し、その結果として労働の供給が減っても、賃金決定が自由のままであれば経済均衡が損なわれることはない。それゆえこの種の介入は価格メカニズムと両立する。

しかし、強制仲裁制度や団体協約制度によって賃金水準が決まる場合には、介入は価格それ自体に影響を及ぼし、失業が発生する。ただし、国家が財政措置によって失業者を救済する場合は事情が異なる。イギリスのように均衡予算の枠内で救済策が講じられるなら、不均衡はそのまま継続する。ただし、国家による失業者の救済は労働者の一部を市場から排除することを意味するから、理論上は国家による小麦の投棄と同じである。それゆえ、国家の介入が価格メカニズムと両立しないとはもはや言えない。これとは反対に、インフレ的手段によって失業者の救済が行われた場合には、実質賃金が低下し均衡が回復する。

リュエフは関税や信用の領域についても同種の議論を行う。そして、一般的に言って、「価格の原因に作用する介入」は価格メカニズムと両立し、「価格そのものに作用する介入」は価格メカニズムと両立しないと結論づける。

ところでリュエフによれば、価格メカニズムと両立する介入ではあっても、常に適切というわけではない。適切か否かを判断する基準は二つある。一つは「有効性」基準である。家族手当や老齢年金は必要であるし、現に国家は人道的目的や社会的目的のために失業者を救済している。とはいえ、そうした介入は「真正な借入れ手続き」、すなわち資金調達が租税や借入れによる諸個人の収入からの控除によってなされる場合、にしか有効ではない。そうでなければインフレが発生し、迂回的な方法で経済均衡が回復する。その結果、国家が掲げた当初の目的は達成されなくなるからである。

いま一つの基準は、介入がもたらす「社会的利益」とそれに要する「社会的費用」との関係である。フランスにおける関税政策の歴史が示すように、国家が介入する際にはそれから生じる利益ばかりが強調され、それにともなう社会的コストは無視されがちである。リュエフによれば、それは「ごまかし」であり、社会的利益と社会的費用についての情報公開によってそれを許さぬようにする必要がある。

以上から明らかなように、リュエフにとって問題なのはあくまでも介入の「形態」であり、経済システムに占める介入の重みではない。公権力は理論上、価格メカニズムを損なわない限りいかようにも介入でき、失業者や老齢者の救済も可能なのである。リュエフ自身は後日、この種の介入を「自由主義的介入」と呼ぶようになる。

「自由主義的介入」という用語は、同じころドイツの新自由主義者たちの間でも使われるようになる。その代表例は「オルド自由主義」ないしは「フライブルク学派」で知られるフランツ・ベーム、ヴァルター・オイケンと彼らに連なる経済学者グループである。同じ用語を使っているものの、彼らとリュエフとでは介入の理解にかなり大きな違いがある。ドイツ学派にとって自由主義的介入とは、不純で不完全な市場の枠組みのなかで、純粋で完全な競争が行われた場合に実現する状態を、権威主義的国家が人為的に創り出すことを意味する。いわゆる「かのように」(Als ob) の政策である。(6) 一方、リュエフの場合には、国家が価格メカニズムを損なわない範囲で、一般利益のために生産や消費の構造を変えるか、あるいは社会目標を達成するために介入することを意味する。また、国家に許される介入手段は租税と補助金に限定される。(7)

自由主義の本質は何か、新自由主義の基礎上での社会対話は可能か

つづく討論は、前半が主にリュエフと経済学者ガエタン・ピルーとの間で、また後半がリュエフと、社会主義者（フランス社会党員）および労働組合指導者たちとの間で行われた。[8]

前半の討論の中心は、自由主義理論の本質をどこに求めるかという点にあった。ピルーは、リュエフ報告の理論的および専門技術的部分が正しいことを認めつつも、結論には同意できないという。なぜなら、最大効用の追求が自由主義の本質であり、社会的観点や国民的観点を斟酌すれば、効用の最大化は望めなくなるからである。これにたいしてリュエフは、「最大効用は至高の善だとは考えない」、また自由主義の本質は「価格メカニズムが保証される」ことにあると反論している。つまり、自由主義のアジェンダに盛り込まれた二つの原則（4）および（6）―（B）をもって応じたのである。

ピルーにたいする反論と関連させて、リュエフは科学としての経済学の領域と政策の領域とを峻別する必要のあることを説いている。科学の領域では、経済社会は特定の条件――リュエフの場合であれば、価格メカニズム――をみたす場合にしか存続できないことを、経済学者は示さねばならない。これにたいして、政策の領域では経済社会の掲げる目標が問題になる。この目標は選挙で問われる民意によって選択される。保護関税を例にとれば、それが国民にどれだけの犠牲

を強いることになるかを計算するのは経済学の領域に属し、この情報をもとに何を選択するかを決めるのは政策の領域に属する。

議長を務めた国際研究センター所長マリオは、リュエフによるこの説明を引き取り、次のように発言している。「われわれは科学の視点からだけでなく経済政策の視点からも現実の諸問題に取り組んでいます。また、われわれはそれらの問題を、現に存在しており、しかも誰にも変更することのできない諸法則を考慮に入れつつ、人間的および実際的な側面から扱おうとしているのです」。かくて、現実の制度的枠組みのなかで価格メカニズムが機能していることと、「科学」の領域と「政策」の領域とを峻別すること、この二つが新自由主義──少なくとも新自由主義のフランス学派(9)──を自由放任主義から区別するものであったことがうかがえる。

後半の社会主義者および労働組合指導者たちとの討論では、現状にたいする認識の違いが問題になった。たとえばフランス社会党の政治指導者ルイ・ヴァロンは、リュエフにこう疑問を提示する。今日の社会は独占体と協同組合から構成されており、完全な競争は存在しない。価格メカニズムなるものは「純粋に計算上のメカニズム」なのではないか。さらに、労働の側も雇主の側も市場の管理に力を注ぐようになっており、自由主義を受け入れる社会勢力が存在しないことも問題である。

この批判にリュエフは自らの実証研究と信念にもとづいて反論する。まず価格メカニズムについては、一九二五年に彼自身が行ったイギリスの失業問題に関する研究をとりあげる。そして、失業率の変動と賃金／物価指数との間に正確な相関関係があることを例に引きながら、社会化が進んでいる現在においても、価格メカニズムが「極度の正確さ」と「極度の感応性」をもって機能しているとし、価格メカニズムは「観念的な像」ではなく「実像」であると主張する。

次いで、自由主義に向かう社会勢力は存在しないのではないかという批判には、リュエフはこう応じる。「自由主義の刷新に向かえるただ一つの社会勢力は左翼諸集団です。多分、これらの集団だけが経済組織から生じる問題の真の性質を理解できるのです。というのは、彼らと私たちの間にある唯一の争点は手段をめぐるものであって、目標をめぐるものではないからです」。そして彼は、「この点について労働界の代表たちとテーブルを挟んで大いに議論したいのです」と述べ、労働者にたいして対話、いわゆる「社会対話」を呼びかける。

以上、リュエフの報告とそれをめぐる質疑応答からは、リュエフと国際研究センターが、新自由主義の基礎上に、自由主義者と労働者との協調ないし融和を実現しようとしていたことがうかがえる。同センターが研究者以外に労使の有力な指導者たちを会員に引き入れたのは、そしてまた、同センターが多様な社会集団にたいする広報活動に力を入れることになるのも、そうした意図があったからにほかならない。

第三節　新自由主義のその後とモンペルラン協会

国際研究センターはフランスの対独開戦によって活動の停止を余儀なくされた。しかし同センターは、一九四五年に大戦が終結しても活動を再開できなかった。ドイツによる長期の占領がフランスに深刻な爪痕を残したからである。この間に、自由を奪われたフランスおよびベルギーの新自由主義者たちは、それぞれ自らの生きる場を求めて四散してしまった。リップマン・シンポジウムを組織したルージエは、ヴィシー政権に協力した責任を問われ、公職を追放された。さらに、投資の停止状態が長期化し設備更新が行われなかったことから、フランス産業は軒並み衰退し、革新派の企業家たちには国際研究センターを支援する余裕がなくなっていた。

そうしたなかで（新）自由主義者たちの国際的結節点の再建に向けて動いたのは、それぞれイギリスとスイスに活動の場を置いていたハイエクとレプケである。ハイエクは一九四四年に、シカゴ大学のフランク・ナイトとアーロン・ディレクターの協力を得て同大学出版から『隷従への道』[10]を出版し、大きな成功を収めた。これを契機に、彼は英、米両国で自由主義の旗手と看做されるようになる。レプケの方は、一九四四年に『自由の共和国』[11]を出版し、ドイツ語圏で新自由主義を認知させることに貢献した。また彼は、国際ジャーナルの発刊を計画し、実業家アルバート・フノルドの協力を得てスイスで募金活動を進めていた。だが、ジャーナルの発刊経費を賄えるほどの資金は集まらなかった。そこでレプケは、以前から連絡をとりあっていたハイエクと相談し、集まった資金をハイエクの望む「国際政治哲学アカデミー」の設立に使うことにした。こうして一九四七年四月に、スイスのモンペルランの地で、「モンペルラン協会」と命名されることになる国際政治哲学アカデミーの設立総会が開催された。

この設立総会には三九名が出席したが、いずれも研究者であった。そのうちの一六名はアメリカの財団の支援をうけて出席したアメリカの研究者たちである。これにたいしてリップマン・シンポジウムにも出席していた研究者は七名にとどまった。

モンペルラン協会の会長にはハイエクが就任した。副会長は五人で、そのなかにはリュエフ、ナイト、それにドイツ・フライブルク学派を代表するヴァルター・オイケンが含まれていた。事務局はチューリッヒとシカゴに分かれ、総務担当にフノルド（在チューリッヒ）、コンファレンス担当にディレクター（在シカゴ）が充てられた。また会計担当は経済報告合同委員会（ワシントン）のチャールズ・ハーディとされた。なお、モンペルラン協会は一九四七年一一月にイリノイ州のNPO法人として登録された。法人設立名義人はナイト、ディレクター、ハーディの三人で、事務局の所在地はシカゴ大学である。以上の組織構成からうかがえるように、協会は法制面でシカゴ大学と一体化しており、ハイエクとアメリカ在住の三人の役員が組織の中枢を掌握していたことがうかがえる。かくて、旧国際研究センターがフランス色の強い組織だったのにたいして、モンペルラン協会はアメリカ色の強い組織だったと言える。

モンペルラン協会と旧国際研究センターとの間にはもう一つ大きな違いがあった。それは、同協会が一般社会から遮断された学術的なフォーラムとして構想されていたことである。そもそもハイエクが用意した設立総会への招聘者名簿には研究者しか含まれていなかった。それは前述したように、彼が同協会を「国際政治哲学アカデミー」にするつもりだったからである。

こうしたハイエクの同協会にたいする姿勢には、労働組合にたいする彼特有の考え方も関係していたようである。彼は設立総会の基調報告で、「今世紀の初頭には……多くの点で労働組合に普通法の適用除外が認められ、暴力、威圧および脅迫すら事実上、合法化されることになりました」と述べ、さらにその後にこうつづけていた。「自由主義経済への復帰になにがしかの望みがあるとすれば、いかにして労働組合の権力を法律ならびに現実のなかで適切に制限するかという問題が、われわれが注意を払うべきあらゆる問題のなかでもっとも重要なものでありますᅟ(12)」。労働組合にたいするこの厳しい姿勢の背景には、大陸欧州諸国とは異なるイギリスに特殊な現実があったと考えられる。

とはいえ、協会の性格については理事たちの間でも意見が分かれていた。一九四八年九月一九日、バーゼルで開かれた第一回理事会[13]で、この点をめぐって興味深い論争が行われている。最初に、創立総会を欠席し、ハイエクの演説を聴いていなかったオイケンとリュエフの二人の副会長がこう主張した。協会は労働組合指導者たちにも門戸を開くべきであり、そのためにも綱領をもつ必要がある、と。とくにリュエフは、綱領は「カール・マルクスのマニフェスト〔共産党宣言〕」に対抗し得る『自由主義マニフェスト』」とし、かつての「自由主義のアジェンダ」のような「自由主義経済政策の社会的側面」を扱った綱領とすべきであると、踏み込んだ発言をしている。しかしこれには、二人のアメリカの大学人が誤解を招くとして強く反対した。問題はハイエクである。彼は「躊躇している」と述べ、綱領をもつことに消極的な姿勢を示した。こうして、モンペルラン協会は綱領的文書をもたない、自由主義者たちの国際フォーラムとして発足することになった。

モンペルラン協会には一九五九年から六一年にかけて深刻な内紛が発生した。この内紛については不明な部分が多い。だが二つの要因が関係していたことははっきりしている。一つは、一方のハイエクと、他方のフノルドおよびレプケとの間に協会の運営をめぐる路線対立があったことであり、いま一つは、欧州会員とアメリカ会員との間に（新）自由主義の理解をめぐって溝が広がっていたことである。そのことを裏書きするように、この内紛が発端となってレプケとフノルドという協会設立の功労者が協会を去り、さらに一七人の欧州会員が二人と行動をともにした。なお、オイケンは当時すでに物故していた。一方、レプケと親しい関係にあったリュエフは協会にとどまった。

欧州会員とアメリカ会員との間に生じていた溝については、レプケと行動をともにしたフランスの経済学者ベルトラン・ドゥ・ジュヴネルが率直に語っている。彼がミルトン・フリードマンに宛てた一九六〇年六月三〇日付の書簡にはこう記されている。

モンペルラン協会は次第に、国家が善をなすことはあり得ず、民間企業が悪をなすことはあり得ないという、善悪二元論に変わってしまいました。私たちの時代に達成されたものの事実上すべてを、想像上の一九世紀の名において弾劾している会員たちがいると、私は気持ちが落ちつきません。……この集団は、設立時の基本的合意事項について一緒に考える人たちの自由な集まりではありません。それは闘士《ファイターズ》たちのチームです。(14)

この書簡からは当時、会員の約三〇パーセントを占めるに至ったアメリカ在住の会員たちが、一九世紀のマンチェスター派と何ら変わらない自由主義を公然と主張するようになり、欧州会員、とりわけ大陸欧州の会員との間で緊張が高まっていたことがうかがえる。

一九六〇年代末からは、ハイエクとフリードマンの影響をうけたマーガレット・サッチャー首相がイギリスでドラスティックな改革を進めたことにより、新自由主義という用語がメディアで一般に使われるようになる。それとともに、新自由主義がシカゴ学派の経済学と関連づけられ、また市場原理主義と同一視される傾向も生まれる。ハイエクとアメリカ在住のモンペルラン協会の会員たちが、（新）自由主義を再定義することに慎重もしくは否定的だった事実と重ね合わせるならば、このような展開も理解できよう。

最後に、リップマン・シンポジウムに起源をもつ新自由主義が、国際研究センターの活動停止やモンペルラン協会の登場によって消滅したわけではないことを確認しておこう。

「自由主義のアジェンダ」は、第二次世界大戦後に、いち早く西ドイツの有力政党、キリスト教民主同盟（CDU）のデュッセルドルフ綱領（一九四九年七月）に反映される。リュエフは一九五三年六月の論文[15]でこの綱領を分析し、それは自分たちが立ち上げた新自由主義と同じであると評している。デュッセルドルフ綱領で「社会的市場経済」という用語が用いられたことから、西ドイツではこれ以後、新自由主義は社会的市場経済の名称で、この国の経済社会を支える基本理念として定着する。第二次世界大戦後のフランスについては第十一章で詳述するが、この国でも新自由主義は、さまざまな場におけるリュエフの発言、および彼がかかわった財政・経済構造改革を介して、曲折はありながらも継承されていた。

しかしこうした独、仏の例もさることながら、第十章で明らかになるように、新自由主義は何よりも一九五〇年代に起源をもつ統合欧州に、それを支える理念として生きつづけている。ちなみに、二〇〇九年一二月に発効した欧州憲法条約の修正条約（リスボン条約）には、ドイツ語に由来する「社会的市場経済」がＥＵの理念として規定されている。

註

（1）　Walter Lippmann, *The Good Society*, London, Allen & Unwin, 1938.
（2）　このシンポジウムの詳細については、権上康男編著『新自由主義と戦後資本主義――欧米における歴史的経験』日本経済評論社、二〇〇六年、第一章、を参照。
（3）　この項はリップマン・シンポジウムの公式記録である *Compte-rendu des séances du Colloque Walter Lippmann, 26-30 août 1938*, Paris, Médicis,1939. に依拠する。
（4）　*Ibid*., pp.99-101.

（5）　以下では引用は、とくに断りのない限り、« Interventions de Jacques Rueff au cours de la première séance de travail du Centre international pour la rénovation du libéralisme (1939) », repris dans J. Rueff, *Les fondements philosophiques, op. cit.* から行う。

（6）　Ralf Ptak, « Neoliberalism in Germany : Revising the Ordoliberal Foundation of the Social Market Economy », in Philip Mirowski, Dieter Plehwe (eds.), *The Road from Mont Pèlerin. The Making of the Neoliberal Thought Collective,* Harvard University Press, 2009; 雨宮昭彦『競争経済のポリティクス――ドイツ経済政策思想の源流』東京大学出版会、二〇〇五年、福沢直樹「ドイツ・ネオリベラリズム研究の今日的展開とその意義」『歴史と経済』第二四六号、二〇二〇年一月。

（7）　« Interventions de Jacques Rueff au cours de la première séance de travail du Centre international, *op. cit.*»

（8）　この項における引用は、とくに断りのない限り、*Ibid.* から行う。

（9）　リュエフとオーストリア学派の方法上の異同については、Fr. Bourricaud et P. Salin, *Présence de Jacques Rueff, op. cit.*, pp.93-99. を参照。

（10）　F.A. Hayek, *The Road to Serfdom*, London & Chicago, 1944.（ハイエク著／西山千明訳『隷従への道』二〇〇八年、春秋社。）

（11）　Wilhelm Röpke, *Givitas Humana*, Zürich, E. Rentsch, 1944.（W・レプケ著／喜多村浩訳『ヒューマニズムの経済学』勁草書房、一九五四年。）

（12）　Hoover Institution Archives (HIA), Hayek papers, Box 71-77.

（13）　*Id.*, Box 80-25. 以下、理事会における発言はすべてこの会議のフランス語議事録による。

（14）　Cit. by « François Denord, French Neoliberalism and its Divisions: from the Colloque Walter Lippmann to the

Fifth Republic », in P. Mirowski, D. Plehwe (eds.), *op. cit.*

（15） *OCJR*, III-2, pp.69-70；権上康男「現代史のなかの新自由主義」『歴史と経済』第二二九号、二〇一五年一〇月、四〇頁、を参照。

第九章　リュエフ『社会秩序』の世界——反インフレの経済社会学

　ケインズは一九二〇年代の初頭から、インフレを肯定するかのような発言をくりかえしていた。そして一九三六年の『一般理論』において、彼は厳格なインフレの定義を提示し、自らのインフレにたいする立場を明確にする。すなわち、完全雇用が達成されている状態のもとで、さらなる通貨数量の膨張によって物価が上昇する現象を「真正のインフレ」と呼び、貨幣数量の増加一般をインフレ的と見做す通俗的なインフレ理解を批判した。しかしケインズによるこの定義は、積極的な財政出動と、それにともなう通貨供給増および物価上昇を容認するものであると、一般には単純化されて知られるようになる。ケインズ理論は一九三〇年代に不況に苦しむ欧米諸国で注目を浴び、次いで第二次世界大戦後の経済復興期に各国の政策当局者たちによって熱狂的に支持された。その背景には、このようなケインズ独自のインフレ理解とその通俗的な解釈があったのである。

ところで、先に第五章の冒頭で引用したフランソワ・ペルーのメモ書きが物語るように、ケインズ理論は第二次世界大戦後の早い時期から、一般には「発展、成長、好景気の理論」として理解されていた。戦後復興が一段落すると、ケインズ理論は政策当局者たちの間で成長論と一体のものとして扱われるようになる。なぜなら、総需要政策によって痛みをともなう調整も構造改革もなしに経済が成長するなら、各社会カテゴリーが手にする成長の果実は一様に増える。その結果、分配の問題への人々の関心は弱まり、社会平和が実現しやすくなるからである。こうして、しだいに完全雇用に代わって、成長を最優先の社会目標に掲げる政策論が台頭するようになる。だがこの政策論においても、「管理されたインフレ」の名のもとに、投資とそれに随伴するインフレの継続が当然視されていた。イギリスとフランスで実施されたストップ・アンド・ゴー政策がそのことをよく物語っている。

これにたいして新自由主義者たちは、大陸欧州の経済学者であれ、モンペルラン協会とその周辺の経済学者であれ、ケインズと彼の没後に現れた成長論者たちとは反対に、いずれも反インフレ論者であった。しかし、なぜインフレを否定するのかについて立ち入った議論を展開した経済学者は、リュエフ以外にいないようである。リュエフは大著『社会秩序』で、インフレは個人の自由を侵害し文明社会の秩序を崩壊させるものであるとする議論を展開し、インフレを厳しく断罪する。また同じ大著のなかで、彼は経済社会学ともいうべき独創的な学説を提示している。

第一節　「偽りの権利」と「真の権利」

哲学者ベルクソンは『創造的進化』（一九〇七年）のなかでこう記している。「事象の秩序づけられかたは、事象がわれわれの思考を満足させる度合いに正確に比例している。つまり、秩序とは主体客体間のある種の和合である。それはもののなかに自己を再発見している精神なのである」(1)。リュエフはこのベルクソンによる秩序の定義から、「社会を秩序づけること、それは、われわれの精神が望むプランに社会をあてはめることである」(2)という命題を導く。ちなみに、リュエフの言うプランとは、社会のすべての構成員に等しくかかわる、入念に練られた、秩序だった全体像のことである。

リュエフの『社会秩序』は、社会を秩序づけるこの全体像がどのようなものかを示すことに捧げられている。より具体的に言えば、歴史に登場した政治体制ごとに、社会が秩序づけられ、また維持される仕組みを、「偽りの権利」と「真の権利」の二つの操作概念を使って明らかにする。これら二つの概念は『社会秩序』の全編を通じてくりかえし登場し、同書のいわばライトモチーフとなっている。『社会秩序』の内容については、リュエフ自身が講演や自伝のなかで要約や紹介をこころみている。そこで、これらの要約や紹介をも参考にしつつ、彼の議論を吟味することにしよう。

リュエフによれば、人間のもっとも一般的な権利は、一般に「富」と呼ばれ、欲望の対象となる物にたいする所有権である。世界初の近代的民法として知られる「ナポレオン法典」（一八〇三年制定）に起源をもつフランス民法典第五四四条では、所有権がこう定義されている。「ある物を、法律や規制による制限のない範囲において、排他的に自由にできる権限」である、と。リュエフは、このような所有権が現実に意味をもつには二つの条件が必要であると言う。

第一は法制度である。富としての物は有限であり、この物を享受したいと望む人は所有権者以外にもいる。それゆえ、物の享受をめぐって競合する他人を排除できなければ、所有権は現実に意味をもたない。それには罰則を設け、非所有権者を実力で排除する必要がある。警察《ポリス》が存在するのはそのためである。つまり「所有権の本質的な性格は警察の介入を許す根拠になる点にある」(3)。

ところで所有権の中身は「物」そのものではなく、その物を享受し、自由に処分できる「能力」である。つまり、所有権は富である物を納めた、いわば「容器」なのである。一方、この容器に納められた富の価値は価格で表示される。これが経済面から見た所有権である。そのような所有権は、「容器」に入っている物（富）が、使用価値の異なる他の物（富）と、常に自由に入れ替えられなければ意味がない。それには、物の所有者（以下、「権利者」と呼ぶ）が、他の物と入れ替えたいと望むときに、彼が代わりに入手したい物が等価の需要として確実に存在する必要がある。そうした条件は価格メカニズムが機能する自由な市場が存在することによってはじめて保証される。なぜなら、市場では、そこに供給された物の価格が不断に変動し、それが最終的に需要の水準に調整されて均衡点が成立するからである。このような市場が存在する場合に、権利者の所有権は本来の権利、すなわち「真の権利」となる。それゆえ、価格メカニズムが機能する自由な市場の存在が、所有権が現実に意味をもつための第二の条件ということになる。

この第二の条件に欠損が生じた場合に所有権は「偽りの権利」となる。たとえば、市場に供給される物の価格が均衡点以上の水準に権力的な方法で維持されるなら、権利者が他の物と交換したいと望む権利の量は、同一の取引期間中に、期待していた権利の量を超える。その場合には、市場に供給された物の一部に買い手がつかない。権利者が自由に処分できる権利は、買い手のつかない分だけ偽りのもの、つまり「偽りの権利」となる。労働法の規定によって賃金が雇用の均衡を保証する水準以上にとどまる場合、あるいは労働協約によって賃金が固定される場合がこれにあたる。いずれの場合にも、労働市場において価格メカニズムが働かなくなるために、労働力の供給側（売り手）の権利の一部が「偽りの権利」となり、失業が発生する。

かくて、所有権が「真の権利」となるのか、それとも「偽りの権利」となるのかは、自由な市場の有無によって決まる。しかも、それが「偽りの権利」となるのは多くの場合、国家が市場に介入する場合である。

第二節　金融債権と国家による「偽りの権利」の操作

所有権には債権、すなわち債権の所有権という特殊な所有権がある。リュエフによれば、債権は所有権のなかでも特別な位置を占めている。なぜなら、債権は証券化され、金融債券として流通するためにその量が多いからであり、また、債券発行から生じる「偽りの権利」は国家だけが操作できるからである。ここでも「偽りの権利」の発生には国家が深くかかわっている。

国家は財政赤字を補塡するために国債を発行する。この国家の行為が「偽りの権利」を創り出す。それは二とおりの方法によってなされる。一つは、国家が中央銀行に市場を上回る価格で国債を引き受けさせる方法、いま一つは、同じく中央銀行が公開市場で市場価格を上回る価格で国債を買い取る方法である。いずれの場合にも通貨の発行増が生じ、通貨が減価する。こうして市場に供給された物の一部に買い手がつかなくなり、「偽りの権利」が生まれる。リュエフによれば、インフレの大半はこのようにして発生する。仮に金本位制のもとでインフレが進めば、いずれ中央銀行から金が流出し、最終的には国家が金本位制の停止を決断せざるを得なくなる。一方、すでに金本位制が停止され、不換紙幣が流通している場合には、物価が高騰し、為替市場で通貨が下落する。

ところで国家は、財政赤字から通貨価値の毀損が生じ、それが社会を混乱させることを怖れ、財政赤字を隠蔽しようとする。隠蔽の方法は二つある。一つはリベラルな方法であり、その代表例は増税である。いま一つは、所有権者による貨幣の使用を国家の意思に沿う方向に変更させる権威主義的な方法である。その代表例は物価統制、配給制度、為替管理、双務為替清算《クリアリング》制度などである。実際には、増税だけでは財政赤字を補填できないことから、通常、二つの方法は組み合わせて実施される。しかしそれにも限界があり、最終的に国家は権威主義的方法だけに頼ることになる。

以上から明らかなように、「偽りの権利」はさまざまな回路を通じて発生する。だがいずれの回路であれ、共通しているのは、自由な市場機能が損なわれることから発生し、国家がそれに深く関与している場合が多いことである。

「偽りの権利」が支配する社会では、人間のもっとも一般的な権利である所有権が侵害されることから、社会に混乱が生じる。公権力はやがて混乱を放置できなくなり、前述したような物価統制や配給制度などによって所有権者の権利行使を制限しようとする。こうして人々から自由が奪われる。法制度が整備されてきたのはこのような事態の発生を防ぐためであった。リュエフはこう記している――「法制度は人間の自由の見えざる基礎である。それを傷つける者は、動機のいかんにかかわらず、不可解な犯罪、すなわち人間の尊厳にたいする罪を犯すことになる(4)」。リュエフは、人間の自由、所有権とそれを保証する価格メカニズム、法制度の三者は相互に不可分の関係にある、と見ていたのである。リュエフがケインズを厳しく批判し、また彼が欧州石炭鉄鋼共同体（ＥＣＳＣ）および欧州経済共同体（ＥＥＣ）の司法裁判所判事を務めたのは、彼がまさに自由主義を上記のように理解していたからにほかならない。

なお、財政赤字から生じるインフレに関するリュエフの理論については、一点を確認しておかねばならない。明らかに彼の理論は、両大戦間期、および第二次世界大戦後の一九六〇年代末ころまでの、欧州諸国のような中小規模の工業国の現実の上に組み立てられている。すなわち、産業と国際貿易の上に聳え立つ伝統的な国民経済の枠内で基本的に完結する経済、しかもＧＤＰの規模が比較的小さい経済が前提とされている。変動相場制のもとで資本の国際移動が一般化し、経済のグローバル化が進むようになると、財政赤字は必ずしもインフレに直結しなくなる。また財政赤字以外にもインフレをもたらす要因が出現するようになる。とはいえ、問題を狭く一国レヴェルに限定すれば、財政赤字がインフレのもっとも基礎的な要因であることに変わりはない。

第三節　経済学は富の科学ではない

以上のように、リュエフの『社会秩序』は貨幣理論と社会理論の基礎上に組み立てられている。このことからうかがえるように、経済学にたいするリュエフの姿勢はアングロサクソン諸国の経済学者たちとは大きく異なる。彼は、最晩年の一九七七年に出版した自伝のなかで『社会秩序』を解題し、こう記している。経済学は「富の科学ではない。……それは一部の人々が欲する一定の物と、その物を欲するすべての人々との関係の科学である」。同じく彼はこうも記している。「原始社会には経済関係は存在しない。そこでは個々人は自らの力で、享受し支配できる領域を画定する。経済関係はそれとは違い、実力組織、すなわち社会権力によって組織され操舵される警察が、一部の人による物〔富〕の排他的享受を保証するようになって、はじめて誕生するものである」(5)。

　では経済学とは何なのか。リュエフは次のように答える。「経済学は社会平和を強制する法制度のちょっとした出っ張りのようなものである。警察や法制度がなければ、交換も贈与も貸付けも賃労働も存在しない。あるのはひどい暴力と恣意だけである」(6)。経済学はいわば法制度のなかに半ば埋め込まれており、独立した科学とは言えないというのである。

　リュエフが『社会秩序』の執筆を通じて行き着いた理論は、アダム・スミス以来のアングロサクソン諸国の経済学の伝統とは明らかに性格を異にしている。それは経済社会理論とも呼べる。このことは、リュエフがなぜ自らのライフワークの表題を『社会秩序』としたのかを説明してくれる。彼は一九三〇年代に、貨幣の静態学を扱った著書『貨幣現象の理論』（一九二七年）の続編として、貨幣の動態学に関する著書の執筆を始めた。しかし一九四五年に完成した著書は、貨幣理論と社会学の双方にまたがる基礎理論としての『社会秩序』となり、彼の主著の位置を占めることになる。言いかえれば、リュエフはケインズのような体系的な経済学を構築しなかったのである。「経済学は富の科学ではない」という、先に引用したリュエフの言葉は、まさにその理由を説明してくれる(7)。この言葉はまた、一九三九年九月の自由主義刷新国際研究センターのセミナーで、なぜリュエフが自由主義の本質は最大効用の実現ではなく価格メカニズムの機能が保証されることである、と主張できたのかも説明してくれる。

リュエフに限らず、オイケン、レプケ、ハイエクなど大陸欧州の、あるいは大陸欧州出身の有力な新自由主義者たちは、いずれも自らの経済学を、すなわち「富の科学」を構築しようとしなかった。それは彼らがリュエフと似た経済社会哲学をもっていたからなのかもしれない。

リュエフによる経済学の理解は、彼がスタティックな経済社会をあるべき社会と見ていたかの印象を与える。だが実際はそうではなかった。第十一章で詳しく触れるように、リュエフは一九六〇年七月、自らが執筆した政府委員会の報告書のなかで、フランスが取り組むべき政策課題について、概略次のように記している。各種の規制を撤廃し、価格メカニズムが十全に機能し得るようにする。そうすれば、経済構造が不断に刷新されるダイナミックな社会が出現し、人々の生活水準は向上する。このような社会こそがフランスがめざすべき社会なのである、と。要するに、彼の念頭にあった社会像はインフレのない、しかも経済発展――ちなみに、リュエフ自身は「成長」という用語を使ったことがない――が常態となる社会であった。

註

（1） Henri Bergson, *L'évolution créative*, Paris, Félix Alcan, 26me éd., 1923, p.242.（ベルクソン著／真方敬道訳『創造的進化』岩波文庫、一九七九年、二六六頁。）

（2）Jacques Rueff, « Conférence prononcée le 25 mai 1946 à la Société française de philosophie », reprise dans Jacques Rueff, *Les fondements philosophiques, op. cit.*, p.192.

（3）*OCJR*, IV, p.95.

（4）*OCJR*, I, p.190.

（5）*Ibid.*, p.182.

（6）*Ibid.*

（7）本書、一七二頁、を参照。

第十章　欧州経済統合と新自由主義

一九二九年四月、ジュネーヴの国際連盟事務局に出向中だったリュエフは、フランス外務省の求めに応じて、後のローマ条約の「素案」とも言える覚書を執筆している。彼はその後も、欧州経済が重要な局面を迎えるたびに、欧州に商品、資本、人が自由に移動できる「共同市場」を創設することの経済理論上ならびに実際上の意義、さらにこの市場を支える理念について、注目すべき見解を公にしている。

もとより、欧州に広域市場を創設することの利点を説いた経済学者はリュエフだけではない。欧州では一九二〇年代から、さまざまな地域統合構想の提案が相次ぐようになり、その実現に向けて団体も形成されていた(1)。しかしリュエフのように、理論的に首尾一貫した、しかも現実に即した地域経済統合論を、早い時点から展開した経済学者はほかにいない。これは彼が卓越した理論家だっただけでなく、いずれも不調に終わった国際会議の現場に何度も立ち会っていたことによると考えられる。

リュエフの共同市場構想は第二次世界大戦後に実現する。まず一九五一年四月に、仏、独、伊、ベネルクスの六カ国がパリ条約に調印して欧州石炭鉄鋼共同体（ＥＣＳＣ）が、次いで一九五七年三月に同じ六カ国がローマ条約に調印して欧州経済共同体（ＥＥＣ）と欧州原子力共同体（ＥＵＲＡＴＯＭ）が、それぞれ誕生する。ＥＣＳＣは石炭と鉄鋼の共同市場、ＥＥＣは石炭と鉄鋼以外の生産物一般の共同市場を、またＥＵＲＡＴＯＭは原子力エネルギーの開発に必要な資材および設備の共同市場を、いずれも六カ国間に創設することを目的としていた。ただし、ＥＵＲＡＴＯＭはきわめて限定的な活動しか行わなかった。

これらの共同体が誕生したことにより、欧州諸国を支配してきた政治的・経済的緊張関係は、欧州の西半分については基本的に消滅する。共同体の誕生は、まさしく欧州の新時代を画する大事件だったと言える。リュエフは三つの共同体の司法裁判所の初代判事に就任し、職業生活の最後の一〇年をこの職に捧げている。

共同体と共同市場は、ケインズ理論および新自由主義とのかかわりでも興味深い論点を提供してくれる。まずＥＥＣの共同市場について言えば、この市場は主権国家である加盟諸国間で経済の基礎的諸条件（ファンダメンタルズ）、なかでも物価上昇率や財政収支の赤字率の乖離が広がると維持できなくなる。乖離が一定の限度をこえると、域内諸国間で為替関係が緊張し、商品、資本、人が共同市場内を自由に移動できなくなるからである。それゆえ、加盟諸国間における経済政策を相互に近づけること、すなわち共同体の用語で言う「収斂」が、共同市場の存立にとって必要不可欠となる。このことは共同市場が、不完全雇用下にある国の政府に裁量的な政策──なかでも赤字財政とインフレ政策──を認めるケインズ主義とは、原理上、相容れないことを意味する。このような共同市場が、ケインズ主義が欧州諸国（西ドイツを除く）を席巻していた一九五〇年代に出現したのである。EECの発展の歴史は域内諸国からのケインズ主義の排除の歴史と重なっているが、それは決して偶然ではなかった[(2)]。

次に、ECSCとEECのいずれの共同市場も、主権国家間の政治的合意によって当該国家間に人工的に創られた市場である。それらは自由な競争市場であるが、法制度によってその機能が保証されており、公的機関の介入も、市場の機能を妨げないものであれば容認される。それゆえリュエフによれば、共同市場はまさにリップマン・シンポジウムで定義づけられた新自由主義を具現するものなのである。

第一節　欧州共同市場の構想

ブリアンの「欧州連邦」構想とリュエフの「経済条約」構想

一九二九年九月五日、フランスの外務大臣アリスティド・ブリアンが国際連盟の総会で演説し、欧州諸国間に「連邦主義的な関係」を構築することに賛成である旨の意思表明をした。欧州統合史上有名なブリアンの「欧州連邦」構想とは、この演説と、すぐ後で触れるブリアンの官房が作成した覚書のなかに示された構想のことである。後段で明らかになるように、この構想のもとになったのはリュエフの共同市場構想であった。

ブリアン演説のあった四日後の九月九日、欧州諸国はフランスが演説の内容を詰める作業に入ることを了承した。フランス政府はこの作業をブリアンの官房で、詩人（後のノーベル文学賞受賞者）としても知られるアレクシス・レジェル（ペンネーム、サン＝ジョン・ペルス）に委ねた。レジェルは作業の結果を一九三〇年五月一日付で「欧州連邦体制の組織についての覚書」(3)にまとめ、フランス外務省名で国際連盟に提出した。この覚書で注目すべきは、欧州の平和を脅かしている危機的状況が「欧州の経済全般に見られる不調整」から生じているとの基本認識に立ち、経済領域における調整を実現するために「共同市場」の創設を提案していることである。その提案内容は以下の五項目に整理できる。

(1) 各国政府の政治的責任において経済連携条約の一般原則を定める。
(2) 右の条約にもとづいて、商品、資本、人が自由に移動できる共同市場を欧州諸国間に構築する。この目標達成に必要な技術面の検討は、専門家からなる委員会に委ねる。
(3) 共同市場の構築は漸進的に進める。
(4) 共同市場の構築は国際連盟と連携して、またその精神に則って進める。
(5) 国防に関連する事項は条約の対象から外す。

この共同市場創設構想でとくに目を引くのは、構想を実現する具体的な方式、なかでも政治の責任において段階を踏んで共同市場を創設するという方式が示されている点である。このようにトップ・ダウンで統合を実現しようとすれば、関係する諸国間に国家に似た機構を創設する必要がある。それゆえ、レジェルがまとめた覚書では、後のローマ条約のもとで設置されることになる欧州理事会、欧州委員会などの諸機関の創設が、明示的ではなかったものの、想定されていたと言える。

ところで話が前後するが、ブリアン演説のあった一年前の一九二八年九月、同じ国際連盟総会の折に、リュエフは自らが温めていた経済条約構想についてレジェルと意見交換をしていた。リュエフの話を聞いたレジェルは、リュエフに一九二九年四月までにこの構想を覚書にまとめるよう求めた。リュエフはこれに応えて「経済条約」と題する覚書を作成し、レジェルに届けた。(4)「経済条約」という表題は、一九二八年八月に調印されたブリアン／ケロッグ条約（「不戦条約」）に倣ったもので、それには、関税をめぐる欧州諸国間の対立に終止符を打つための国際条約、つまり不戦条約の経済版である、という意味が込められていた。

リュエフの手になる覚書「経済条約」の本体は六カ条からなる条文であったが、それには次のような趣旨説明が付けられていた。一九二七年五月に国際連盟の主催で開かれた国際経済会議では、関税問題もとりあげられており、会議の報告書には関税率の引下げで各国が協調することが謳われていた。この勧告はしかし、実行に移されることはなかった。いずれの国の政府も、勧告への対応を専門家たちからなる審議機関に委ね、自ら直接責任を負おうとしなかったからである。しかも、審議機関の構成員には業界団体の代表やその関係者が含まれていた。そのためにこの機関の答申には個別の利害が色濃く反映することとなり、結果として現状が維持されたのである。六カ条からなる経済条約を結ぶのは、同じ轍を踏むことなく、確実に、かつ最終的に、関税問題を解決するためである。

問題はリュエフの覚書に記された六カ条である。それはレジェルの前出の覚書に登場する共同市場に関する記述そのものであった。この事実と、レジェル覚書の成立に至る経緯を踏まえるならば、次のように言えよう。レジェルの覚書は、リュエフの覚書を外務省の文書形式に合わせて書き直したものである。また、一九二九年のブリアンの国際連盟総会演説はリュエフ／レジェル構想にもとづくものであった。

世界で猛威を振るう若干の非常識

一九三三年二月、ソルボンヌ大学を会場にしてアドホックな「平和大学」が開かれた。リュエフはここで、シャルル・リストの司会のもとに、「世界で猛威を振るう若干の非常識」と題する長大な講義を行っている。一九三三年はリュエフのロンドン勤務の最終年にあたり、この講義は彼にとって公開の場で比較的自由に自らの考えを語れる最後の機会であった。

折しも不況が世界全体を覆い、欧州諸国はいずれも保護貿易の強化に力を傾注していた。フランスと国境を接する諸国ではファシズムが台頭し、国際緊張が高まっていた。一九二八―二九年とは違い、もはや理想を語れる状況ではなかった。ソルボンヌの講義では、リュエフは「共同市場」の代わりに「自由貿易圏」という控えめな用語を使い、こう述べている。「商品が自由に流通する地域が拡大すればするほど、間違いなく自由主義体制の利益は大きくなります。それゆえ私は、『自由貿易』圏はできるだけ広くあって欲しいと願うのです。とはいえ私は、ささやかな『自由貿易』であっても、ゼロよりはましだと固く信じます(5)」。

しかしリュエフは、たとえささやかな自由貿易圏ですら、現状では望めないと考える。各国の首相、経済・商務担当大臣はもとより経済官僚たちも、国際会議の場では皆、自由主義的な関税政策に賛意を表明する。ところが自国に戻ると、業界団体の要求を容れ、貿易赤字の解消と国内産業の防衛という名のもとに、関税率の引上げ、さらには輸入における数量割当制度の強化を進めているからである。それに、さまざまな保護貿易擁護論が勢いを増し、公的機関も多かれ少なかれそうした議論の影響をうけている。リュエフは、こうした現状は、政府当局者たちが経済問題を正しく理解していないからだとする。そして講演の大半を、貿易赤字および国際収支に関する通俗的な理解の誤り、および保護貿易擁護論の誤りを正すことに充てる。

リュエフが講義で最初にとりあげたのは、政府当局者たちの言動が、なぜ国外と国内で大きく食い違うのかという問題である。彼によれば、それは彼らが貿易収支の赤字を国富の喪失と見做す重商主義的観念にとらわれているからである。たしかに両大戦間期には、未だ国際収支の概念は一般には知られておらず、貿易外収支や資本収支に関する公的統計も存在しなかった。こうしたことから、たとえばフランスでは、一九三〇年代になってもなお公的機関の報告書には、国際収支を構成する他の収支項目の存在が無視され、貿易収支を単純に国際収支と同一視する記述が見られた。リュエフは、問題の根源はここにあると見る。そこで彼は、国際収支というものは、国外への資本逃避のような異常事でもない限り、貿易収支、貿易外収支、資本収支のそれぞれ変動を通じて均衡するものであるから、政策によって貿易収支の赤字を黒字に変えられるものではないことを、理論的に厳密に、かつ分かりやすく説く。さらに彼は、輸入の数量割当制度や為替管理という特殊な保護政策を採用しても、問題は基本的に変わらないと言う。なぜなら、自由主義体制のもとでは、経済はミクロのレヴェルで不断に調整がなされており、とうてい当局の手で管理しきれるものではないからである。いうまでもなくリュエフのこの議論は、トランスファー論争でケインズ批判をした際に彼が用いたものと同じである。

かくて、リュエフが導いた結論は時論とは正反対であった。すなわち、理論はもとより一九世紀末以降のフランスやイギリスの歴史的経験に照らしても、貿易収支の赤字は言われているような貧しさを示すものではなく、反対に豊かさを示すものである。

次いでリュエフは、保護貿易を正当化する平衡関税論、雇用確保のための保護貿易論などを、保護がもたらす重大な負の効果を無視しているとして厳しく批判する。負の効果とは、たとえば競争を妨げる、新技術の採用や生産組織の効率化を遅らせる、労働力の部門間移動を妨げる、等々であり、その結果として、生産力の上昇および生活水準の引上げという社会目標が達成できなくなることである。さらにリュエフは、いずれも小国である欧州諸国は、アメリカのように国土面積が広く、さまざまな資源に恵まれ、多様な産業を擁する大国とは違い、外国貿易からきわめて大きな利益を得られることも力説する。

以上のような議論を展開した後で、リュエフは自由貿易圏を創設するための具体的な方法に移る。彼はまず、二つの点に留意する必要があると言う。第一に、関税率の引下げは、生産部門間に優劣を設けず、すべての部門を対象に、一律に同じ下げ幅で実施する。なぜなら、そもそも合理的な関税制度なるものは存在せず、現在ある関税制度は歴史のなかで形成されたものだからである。また保護関税は、保護の対象とならない生産部門を含むすべての生産部門の生産原価を引き上げる効果をもつからでもある。留意点の第二は、関税の引下げにともなう「調整」が社会および個々人にもたらす痛みを最小に抑えることである。

これら二点を確認したうえで、リュエフは三〇パーセントの現行の関税率を毎年、一律一パーセントずつ引き下げて三〇年後に自由貿易圏を完成させることを提案する。ちなみに、四半世紀後に調印されたローマ条約も同様の考え方を採用している。ただしローマ条約では、域内関税の撤廃は三〇年ではなく一二年以内に完了することになっている。

講義の最後で、リュエフは国家の果たすべき役割を問題にする。彼によれば、近代国家には「一般利益」への奉仕という使命がある。この使命は、一般には、個別の利益を可能な限りすくい上げて国家の政策に反映させることであると理解されている。しかし「一般利益は個別の利益の総和ではない」から、この理解は正しくない。国家がなすべきはその反対である。リュエフは言う――「一般利益に奉仕する国家は、国のすべての部門から発せられる個別の要求に、頑強に抵抗しなければならない」。

しかしいずれの国においても、議会制度は単なる利益代表制度と化しており、国家は個別の要求に抵抗しにくくなっている。リュエフもこの事実を認める。だが彼は、政府にも民間にも、知的で、かつ人格高潔な人物がいるとして希望を捨てない。ソルボンヌ大学における講義は次の言葉で結ばれている。「経済的デマゴーグの圧力に抵抗するには、何よりもまず抵抗するだけの根拠がなければなりません。……私は今夕、皆さま方に、この根拠についてお話ししたつもりです」(6)。

第二節　新自由主義の到達点としての欧州共同市場

欧州共同市場は「制度市場」である

ローマ条約が調印される前夜の一九五七年初頭から五八年初頭にかけて、リュエフは共同市場と制度との関係を扱った講演を二回行うとともに、三本の論文を発表している。一九六四年四月には共同体司法裁判所の創立一〇周年を記念する講演をドイツのケルンで行い、この講演原稿も「裁判所と政治経済学」の表題で、同地で出版された記念論集に発表している(7)。共同体および共同市場については夥しい数の文献が存在するが、それらの制度と運用の実態を経済理論と思想の側面から論じた文献は皆無に等しい。それだけに、リュエフの論文類は貴重である。

リュエフによれば、共同市場の本質的な特徴は、大陸欧州の六カ国間に人工的に構築された市場である点にある。このような広域市場が機能するには、国際条約によって、自由な経済活動を妨げている各種の障害（関税、カルテル、各種補助金、等々）の除去を決めるだけでは十分でない。それらの障害が復活しないように監視するための制度が必要である。ＥＣＳＣの場合には最高機関、閣僚理事会、司法裁判所の設置が、またＥＥＣの場合には閣僚理事会、欧州委員会、司法裁判所の設置が、それぞれパリ条約とローマ条約に規定されていたのはこのためである。ただしリュエフは、二つの条約で用いられている「制度」という用語は、これらの機関にとどまらず、共同市場内における国家、企業および個人の間の諸関係を秩序づける規則類や判例をも含んでいると解釈している。

リュエフは以上のような共同市場の特徴に着目し、ECSCとEECを「制度市場」と性格づける。共同市場は価格メカニズムが機能する自由な市場であるが、そうした機能は法制度によって保証されているからである。ドイツには「オルド自由主義」と呼ばれる新自由主義の流れがある。すでに第八章、第二節で述べたように、この流れにはあるべき市場を公権力が創り出すという考え方があり、あるべき市場を「かのように」の市場と呼んでいる。おおまかに言えば、制度市場は一種の「かのように」の市場である。

制度市場としてのECSCとEECには際立った特徴が二つある。一つは、それらの市場が一九世紀のマンチェスター派のような古い素朴な自由主義者が考える市場ではないことである。マンチェスター派にとっての市場は、農村の市場がそのまま空間的に拡大したような市場であり、そこに公的機関が介入することはない。しかし制度市場である共同市場の場合には、価格メカニズムを損なわないタイプのものであれば介入は可能である。それゆえ共同市場を支える理念は、一九三八年のリップマン・シンポジウムで立ち上げられた新自由主義にほかならない。リュエフは次のように記している。

> 制度市場は二〇年前に新自由主義、社会自由主義、さらには自由社会主義の名称のもとに生まれた自由主義思想刷新運動の、到達点であり完成形である。この運動が進展する過程で、制度市場への願望と、そうした願望を叶える方法があることが分かり、ついにＥＣＳＣに、つまり共同体という方式《フォルミュール》にたどりついた。この方式は今後、ＥＥＣにおいて全生産部門に適用されることになるだろう[8]。

さらにリュエフは、古い自由主義と自分たちの新自由主義との違いを、制度の観点から、巧みに比喩を使って説明する。古い自由主義者にとっては、自由は「自然の状態」である。実際、ジャン＝ジャック・ルソーは『社会契約』（一七六二年）の第一篇、第一章の冒頭にこう記している。「人は自由な者として生まれた。ところが至るところで鎖に繋がれている」[9]。自由をルソーのように理解すれば、失われた自由を取り戻すには、人から自由を奪った障害物を取り除くだけでよい。しかし新自由主義者はそうは考えない。自由は数千年にも及ぶ、宗教、道徳、政治、社会などの諸側面からの、酷い苦痛をともなう介入によって徐々に獲得されたものであり、自由は常に失われる危険にさらされている。リュエフの言葉を引用しよう。「ルソーとは反対に、新自由主義者はこう考える。大多数の人は鎖に繋がれて誕生したのであり、彼らを鎖から解き放せるのは諸制度の進歩だけである。諸制度の進歩は人々を未だごく部分的にしか鎖から解き放していない(10)」。

制度市場としてのECSCとEECのいま一つの際立った特徴は、それが徹底したリアリズムによって支えられていることである。それは二つの事実によく表れている。

まず、地理的にも経済的にも範囲が限定されている。その理由は、制度市場を構築するには関係諸国間における政治的合意が必要なことにある。欧州の二つの共同市場の地理的範囲が六カ国に限定されているのはこのためである。また、最初に創設されたECSCの共同市場が石炭と鉄鋼に限定されているのも、一九五一年当時、六カ国間で政治的合意が可能だったのはこの二品目だけだったからである。

次に、EECの共同市場にはセーフガードが認められている。さらに農業部門については、製造業から切り離されて特別な保護の対象とされている。この特別な保護を保証するのが共通農業政策である。共通農業政策によって域内の農産物の価格は共同体によって管理され、生産物ごとに単一価格で、しかも（ブレトンウッズ固定相場制のもとでも存在していた最大一・五パーセントの）為替リスクなしで、域内を流通することになる。農業生産に特殊な事情から、六カ国間で政治的合意を得るためにそうした制度が設けられたのである。かくて、大陸欧州の六カ国は「全面的なレッセ・パッセ」の代わりに「部分的なレッセ・パッセ」を、また「全面的なレッセ・フェール」の代わりに「部分的なレッセ・フェール」を選んだことになる。リュエフは六カ国によるこの選択を、アラブ世界の諺を引用して、こう説明する。荷物を運ばせるには「死んだ一頭の馬よりも生きている一頭のヤギの方がまだましである」(11)。

ＥＣＳＣとＥＥＣはやがて統合されてＥＣ（欧州共同体）となる。次いでＥＣはＥＵ（欧州連合）へと進化する。しかし、そのいずれの統合欧州においても、基盤となっていたのは共同市場（一九八〇年代以降は「単一市場」と呼ばれる）である。一九七〇年代から変動相場制が世界に広がると、今度は共同市場を防衛する必要から、欧州諸国は通貨の統合を目標に掲げる。そして、まずスネイク、次いでＥＭＳ（欧州通貨制度）と通称される、欧州諸国間の通貨の変動を狭い幅に抑える制度を立ち上げる。最後に単一通貨ユーロを導入し、それまで各国が使用していた国民通貨を廃止する。古典的金本位制のもとでも実現できなかった、究極の固定相場制とも言うべき通貨制度へ移行したのである。いずれの制度も、域内諸国家間の政治的合意にもとづいて創設され、統合欧州の諸機関によって運営されてきた。かくて統合欧州は、経済面からみれば、今日に至るまで、まさしくリュエフの言う「制度市場」であり、新自由主義を体現するものであったと言える。

統合欧州の諸機関の運営に携わる高官たちは、制度市場としての共同市場の基本的特徴を説明する際に、「共同体的」や「共同体的方式」、あるいは「協力」という述語を用いることがある。それは、自由な競争市場である共同市場が加盟諸国の経済や社会にもたらす痛みを緩和するとともに、国家間にもたらす利害対立を調整するために、各種の制度や仕組みが用意されているという意味である。この事実は、統合欧州はECSC、EEC以来、少なくともEUの発足までは、一貫して共同体的な諸関係の基礎上に成立していたことを意味している。

イギリスのEEC加盟問題と「制度市場」

一九六四年五月にリュエフは短い覚書(12)（未公刊）を作成している。その前年にイギリスの最初のEEC加盟申請がフランス大統領シャルル・ドゴールによって拒否されていた。リュエフはこの覚書で、EECへのイギリスの加盟問題について、簡単ではあるが興味深い考察をこころみている。

イギリスはＥＣＳＣにもＥＥＣにも加盟しなかった。その代り一九六〇年五月に、自らが主導して、ＥＥＣ未加盟の六カ国とともに欧州自由貿易連合（ＥＦＴＡ）を発足させる。ＦＥＣは関税同盟と共同市場を土台としているが、通商、農業、輸送の三部門については、それぞれの部門と加盟諸国の特殊事情に配慮した共通政策を実施することになっていた。しかもＥＥＣは、そうした制度や政策を段階的に深化させて行くことを目標に掲げていた。この国際統合組織は文字通り「共同体的な」政治同盟だったのである。これにたいしてＥＦＴＡは、域内関税だけを廃止する単純な自由貿易圏にすぎなかった。このようにイギリスは、大陸欧州諸国とは性格の異なる経済統合構想をもちながらも、ＥＥＣが順調に機能し成果をあげるようになると、ＥＥＣへの加盟を希望するようになる。それと同時に、イギリス政府とその周辺には、「再交渉」の名のもとに、ＥＥＣをイギリスの利益に沿った組織に改編しようとする動きが生まれていた。

リュエフはこのようなイギリスのＥＥＣ加盟問題についてこう記している。イギリスの加盟は望ましいことである。だがそれには、現行のＥＥＣ、すなわち「実効性のある諸制度を具えた、強力に統合された共同体」が維持できるという条件が保証されねばならない。それゆえ問題は、イギリスが「共同体の存続に必要な最小限の統合を受け入れるか否か」である。このやや回りくどい、懐疑的ともうけとれる表現からは、イギリスにとって、共同体を成り立たせている諸制度や政策、それらを必要としている大陸欧州諸国の政治的事情と折り合いをつけることが容易でないことを、リュエフが見抜いていたことがうかがえる。前項で紹介した制度市場に関するリュエフの議論によれば、共同市場は大陸欧州型の新自由主義、すなわち共同体的諸関係になじむ新自由主義を理念としている。長期のロンドン駐在経験をもち、イギリスの文化や思想に通じていたリュエフは、大陸欧州諸国とイギリスとの間に容易に埋めがたい溝があることを熟知していたと考えられる。

イギリスは曲折を経て一九七三年一月にＥＥＣ加盟を果たす。しかしＥＥＣ加盟後のイギリスは、統合欧州の主要諸国の一角を占めていたにもかかわらず、自国の利害に直結する問題以外にはほとんど関心を示さなかった。ところが統合が節目を迎え、統合を深化させることが課題となると、きまって消極的ないしは否定的な態度をとった。国家主権にたいする制約が広がることを危惧したからである。それだけに、リュエフの指摘は、今日をも含む長期的な視点から見ても、問題の本質を衝いていると言えよう。

註

（1）とくにフランスについては、廣田功「ヨーロッパ統合構想の展開とフランス経済学（一九二〇―四〇年代）」廣田功編『現代ヨーロッパの社会経済政策――その形成と展開』日本経済評論社、二〇〇六年、を参照。

（2）権上『通貨統合の歴史的起源（前掲書）』各所、を参照。

（3）Ministry of Foreign Affairs, *Memorandum on the Organization of a System of Federal European Union*, 1 May 1930, World Digital Library.

（4）Jacques Rueff, « Note sur un projet de « pacte économique » ». Repris dans *OCJR*, III-1.

（5）Jacques Rueff, « De quelques hérésies qui ravagent le monde », cours à la Sorbonne, le 27 février 1933. Repris dans *OCJR*, III-1, p.312.

（6）*OCJR*, III-1, p.316.

（7）これらの論文類はいずれも *OCJR*, III-1. に収録されている。そのうちのケルン講演については、石山幸彦「ヨーロッパ石炭鉄鋼共同体における新自由主義（一九五三―六二年）」、権上編『新自由主義と戦後資本主義（前掲書）』所収、を参照。

（8）*OCJR*, III-1, p.352.

（9）Jean-Jacques Rousseau, *Du contrat social*, Paris, 1896, F. Alcan, p.10.（ルソー／桑原武夫・前川貞次郎訳『社会契約論』岩波文庫、一九五四年、一五頁。）

（10）*OCJR*, III-1, pp.352-353.

（11）*OCJR*, III-1, p. 350.

（12）この覚書は *OCJR*, III-1, p.332, note. に収録されている。

第十一章　フランスにおける新自由主義的構造改革

第二次世界大戦後にリュエフが就いた主な役職は、国際賠償調査機関の長、国連経済雇用委員会の委員、および統合欧州の三つの共同体の司法裁判所判事である。いずれも活動の場はフランス国外にあり、彼の力量ならびに実績からすれば役不足の感は否めない。戦後のフランスは、ヴィシー政権から組織化され集権化された諸制度の多くを継承しただけでなく、それらを国有化と計画化という二つの基幹的政策によって高度化させていた。官僚や政治指導者たちの大半はケインズ主義に染まっており、国会ではレジスタンス運動を担った左翼勢力と労働組合の代表が多数の議席を占めていた。（新）自由主義者リュエフには権力の周辺に居場所がなかったのもたしかである。

このフランスでは、復興と近代化をスローガンに国家主導の成長政策が実施され、経済は年平均五パーセント強の高い成長率を記録していた。その反面、財政赤字と中央銀行によるオーバー・ローンが常態化し、歴代の政府は慢性的なインフレと国際収支の赤字に悩まされていた。こうした戦後政策の矛盾が通貨不安となって噴出すると、決まって通貨の切下げと緊縮政策が実施された。フランスでもイギリスと同じく、経済政策はストップ・アンド・ゴーであった。

しかし一九五八年になると、フランスの戦後政策は完全に行き詰まる。巨額の財政赤字とインフレによって国際収支が危機に瀕し、外貨準備は底をつきかけた。アルジェリア植民地の独立をめぐる抗争は泥沼化し、本国を巻き込む内戦にまで発展する怖れがあった。大陸欧州ではＥＥＣが創設されたばかりであったが、はたしてフランスにローマ条約の規定を履行できるのか、危ぶまれていた。目を世界に転じれば、折しも通貨の交換性回復が目前に迫っていた。フランスはこの流れにも乗り遅れる怖れがあった。

同年六月、第二次世界大戦の英雄シャルル・ドゴールが第四共和制下の首相として政権に復帰する。しかし彼の政権とその周辺の経済専門家たちの誰一人として、未曽有の経済危機に対処するためのスキームを用意できなかった。この時、ただ一人、自ら手を挙げたのがＥＣＳＣ司法裁判所判事の職にあったリュエフである。リュエフはドゴール政権のもとで二度、政府委員会を組織することを許され、フランスの戦後史上有名な二編の報告書を作成する。財政改革を扱った通称「ピネー／リュエフ報告」（もしくは「リュエフ・プラン」）と、経済全般の改革を扱った通称

「リュエフ／アルマン報告」である。リュエフは信用改革も目論んでいたが、この改革については政府委員会の設置は叶わなかった。二編の報告書とリュエフの私的構想にとどまった信用改革は、フランス、ひいては大陸欧州における新自由主義の具体的な姿と、それが一九六〇年代に直面した障害がどのようなものであったのかを分かりやすく伝えてくれる。

第一節　リュエフ委員会と財政構造改革――フランスの「奇跡」

リュエフ委員会の設置

一九五八年六月、リュエフは財務大臣アントワーヌ・ピネーと面談する。面談の場でリュエフは、フランスの経済危機について自らの診断と対処法を説明するとともに、専門家からなる委員会を設置して危機克服のための全体計画、すなわち「プラン」を策定させるようピネーに進言した。そして、用意してきた覚書をピネーに手渡した。この覚書には「経済・財政刷新計画概要」(1)なる表題が付されており、その内容は以下のようなものであった。

フランスが直面している国際収支危機の原因はインフレにあり、インフレの原因は国庫の政策とフランス銀行の政策にある。国庫の政策で問題なのは財政赤字を放置し、それをフランス銀行からの借入れで補填するという安易な対応をくりかえしていることである。財政赤字が生じる原因は、巨額の投資を国庫が負担していること、すなわち投資の「予算化」にある。なぜなら、「投資の予算化がインフレ懸念を生み、それが消費を刺激し、市場からわずかに残っていた貯蓄を奪い、投資金融を妨げる」という悪循環が生じているからである。それゆえ、投資を予算から外し、その金融を資本市場（貯蓄）に委ねることによってインフレ懸念を払拭する。これが国家財政にたいするリュエフの改革提言であった。

しかし、財政政策にも増してリュエフが問題視するのは中央銀行の信用政策である。フランス銀行の資産の大半（一九五八年五月二二日時点で資産総額の六五パーセント）は対国家貸付と中期流動化手形によって占められている。しかも、一九五〇年代を通じてもっとも大きな伸びを記録しているのは中期流動化手形である。中期流動化手形とは、あらかじめフランス銀行から承認を得たうえで、国有化された大預金銀行と、クレディ・ナショナルなどの準公的金融機関[2]が連携して取り組んだ最長五年期限の手形で、設備、住宅建設、貿易などの金融を目的としていた。フランス銀行の貸借対照表上に現れた中期流動化手形の額は、同行によるこの手形の割引額を示している。つまり、中期流動化手形の額とは「中央銀行通貨」による投資金融の残高にほかならなかった。フランスにおけるインフレの最大の要因は、フランス銀行の資産を硬直化させている中期流動化手形の割引である。それゆえ中期流動化手形の割引を禁止し、投資金融を資本市場に委ねる必要がある。

以上のようなリュエフの覚書はピネーをひどく困惑させた。リュエフが問題にする投資の予算化とフランス銀行による中期流動化手形の割引（中期信用制度）は、フランスにおける国家主導の戦後復興・近代化戦略の要に位置していたからである。しかも、大戦中に中期信用制度を考案した中心人物はクレディ・ナショナル総裁時代のヴィルフリッド・ボーンガルトネルであるが、当時のフランス銀行総裁はこのボーンガルトネルであった。ピネーはフランス銀行が強く反発することを怖れて決断を保留した。しかし覚書はドゴールの官房たちの知るところとなり、なかでも元財務省物価局長ロジェル・ゲーツが覚書に強い関心を示した。このゲーツにうながされ、ピネーはようやくリュエフの提案に応じることになる。

九月に入ると、ピネーはリュエフに休暇をとらせて任地のルクセンブルクからパリに戻し、同月三〇日、「フランスの財政問題全般」を検討するための特別委員会——通称「リュエフ委員会」——を設置した。しかし、委員会に付託された「財政問題全般」という課題が示すように、ピネーは特別委員会の設置は了承したものの、この委員会が信用問題に立ち入ることは認めなかった。リュエフ委員会の委員はリュエフを入れて九人で、全員が経済・財務行政の外部から選任された。委員会は精力的に活動し、発足当日の九月三〇日から一二月八日まで、ほぼ連日、会合を重ねた。

特別委員会の委員たちは会合の早い段階からリュエフの考えに同調した。ところが同委員会から喚問をうけた現職の経済財務官僚たちは、ほぼ全員がリュエフの考えに反対したという。リュエフの言葉を借りれば、「彼らはここ一〇年の間、赤字とそのファイナンスに馴れっこになっていた」からであり、また「彼らにとって財政技術とは本質的に借金をする技になっていた」(3)からである。しかし委員会は終始リュエフの統率のもとに運営され、一二月八日付で報告書「財政状態に関する報告」(4)を作成し、ピネーに提出した。

ピネー／リュエフ報告（リュエフ・プラン）

大部の報告書の筆を執ったのはリュエフ自身である。そのことを裏書するように、報告書は、リュエフが一九三八―三九年に定式化した「経済的介入」と「社会的介入」に関する二つの原則で貫かれていた。一つは「予算で措置された補助金によって価格と市場のメカニズムが歪められてはならない」という原則であり、いま一つは「秩序ある財政によって社会政策の有効性を保証する」、すなわち、社会政策は財政の均衡と通貨の安定を維持しつつ実施されねばならないという原則である。この二つの原則に拠りつつ、報告書は財政再建のための施策を勧告している。それは次の四項目に集約できる。

第一に、一方の増税と、他方の国有企業や社会保険等に支出されている補助金を削減することによって、均衡財政を実現する。第二に、財源の裏づけのない国庫による投資金融を財政から切り離し、資本市場に委ねる。とくに、通貨膨張の大きな要因となっている中期信用制度を利用した住宅建設金融は廃止する。第三に、自由化品目を大幅に増やして貿易自由化を促進する。第四に、フランを切り下げる。なお、フランの切下げは極秘を要するために報告書の本体から切り離され、秘密書簡によってドゴール首相に伝えられた。

以上のような勧告を根拠づけるべく、報告書には次のようなシナリオが書き込まれていた。勧告の実施によってインフレは終息し、海外から資本が還流する。その結果、市場の資金は潤沢になり、金利、なかでも長期金利が下がって投資が増大する。要するにリュエフ・プランとは、価格メカニズムの復活を軸にしたフランス経済の再生計画だったのである。

ところで、報告書の原稿は一一月初めに書き上げられた。そして一一月一九日、リュエフは首相官邸に赴いてドゴールにその内容を説明している。このときの様子については、リュエフ自身が詳細な記録(5)を残している。それによれば、リュエフはドゴールに報告書案の内容をパラグラフごとに説明した。説明の場には財務大臣ピネーも同席しており、彼はリュエフとは別に、リュエフ委員会による勧告を一部修正した「より穏当で、したがって効果の少ない方式」を代案として提示した。すなわち、その席で使われた表現を借用すれば、リュエフの「強力なプラン」と財務大臣の「微力なプラン」の二つがドゴールに示されたのである。ドゴールはリュエフ案を採り、ピネー案を避けた。

一一月二五日にリュエフは再度、首相官邸に呼ばれ、今度は一対一で、ドゴールから委員会の勧告案について質問をうけている。この会見の終わりにドゴールとの間で次のような会話が交わされている。

ドゴール　あなたの勧告はすべてにおいて素晴らしい。しかし、私が〔勧告から〕何も除外することなくすべてを実施するとして、これは国民に大きなショックをあたえるに本当に値するものなのだろうか。

リュエフ　プランがすべて実施されるなら、わずか数週間のうちにわが国の国際収支が均衡を回復することを、私は閣下に請けあいます。私には絶対の自信があります。将来、閣下が私についてどう思うかはすべて結果次第である、ということを私は甘んじて受け入れます。(6)

ドゴールはリュエフにたいしてプランの実際上の効果について確証を求め、リュエフは留保なしにそれに応じたのである。

理論レヴェルの問題は別にして、プランの効果に不安をいだいたのはドゴール一人に限らなかった。特別委員会の委員たちのなかにすら訝る者がいた。委員の一人でフランス・アカデミー会員C・J・ジヌーは、リュエフに宛てた書簡で、内心の不安を率直に告白している。ジヌーはまず、「委員会の結論が理論上は非の打ちどころがないことはいうまでもない」と断る。そのうえで、彼は「プログラムが成功するための条件が整わないのではないか」と言う。補助金や免税措置が全廃されれば世論が激しく反発すると思われるが、「ドゴール将軍個人の権威によってこの爆発を抑えられると見るのは途方もない幻想である」と考えるからである。そして、ジヌーはこう結論づける。「委員会提案を実行する以外に方策はないと言いつつ、あなた〔リュエフ〕が何度もくりかえし行った議論はよく理解できるのですが、私は、これらの勧告が政治的に可能な範囲を超えており、われわれの想定外の結果になるに違いないと思うのです」[7]と。

では、リュエフはなぜ自らのプランに「絶対の自信」がもてたのか。彼は後年、一九六八年の「五月危機」のあとに、首相に就任して間もないモーリス・クーヴドゥミュルヴィルから危機への対処法について助言を求められている。リュエフは新首相に、一九五八年の危機への対応を例に引きながら、次のように答えている。

危機に対処するには「電気ショック」が必要であり、それにはプランが必要です。「プランというものは、フランスが長期にわたって経済の均衡、なかでも財政の均衡を確保できないなどということは認めることも想定することもできない、という考えにもとづかねばなりません。それには、財政赤字を市場にある貯蓄額以下に確実に引き下げる必要があります。一九五八年にはこの貯蓄額は、デノミ前の旧フランで六〇〇〇億――現在のフランで六〇億――あり、一九五九年に予想される赤字は一兆二〇〇〇億でした。貨幣の退蔵と、資本流出の危機が収まるや、〔赤字補填に〕充当された貯蓄は六〇〇〇億を確実に大きく上回り、多分その二倍、すなわち現在のフランで一二〇億に達しました(8)」。

リュエフは、かつて自由主義刷新国際研究センターで行った報告のなかで、財政支出は「租税や借入れによる諸個人の収入からの控除」によってなされた場合にのみ有効であり、そうでなければインフレになると述べていた(9)。彼が、財政支出とインフレの間にあるこの理論上の関係を問題の核心ととらえており、そのことに絶対の自信をもっていたことがうかがえる。

ところで、ドゴールはリュエフのプランをそっくり受け入れ、財務大臣ピネーの抵抗、ならびに元首相で社会党書記長のギー・モレ以下三人の社会党出身閣僚の職を賭した抵抗を押し切って、ただちに実施することを決めた。こうしてリュエフ・プランは一九五九年度財政法のなかに組み込まれ、フランも一七・五パーセント切り下げられた。これらの措置によってフランの交換性回復が可能となり、ＥＥＣ加盟諸国にたいするフランス市場の開放も可能となった。インフレは一九五九年上半期中に終息に向かう。国際収支も改善し、外貨準備が急速に回復する。こうして危機は文字通り奇跡的に克服された。(10)

一九五八年の財政構造改革プランは大きな成功を収めた。そのために、このプランはリュエフが構想した三つのプランのなかでも「リュエフ・プラン」として国際的にも広く知られている。では、このプランの成功の鍵はどこにあったのか。一九三九年に社会主義者や労働組合指導者たちと行った討論のなかで、リュエフは法則を追究する「科学」としての「政治経済学」と「政策」（ないしは「政策技術」）とを区別し、「政策」は最終的には国民の投票行為によって選択されると述べている。(11)このようなリュエフの考え方に即して言えば、リュエフはドゴールという絶対的な政治的権威を介して、「政策」と「政治経済学」を結合することに成功したということになる。プランの成功の鍵はまさにここにあったと言える。

第二節　リュエフ／アルマン委員会と経済構造改革

リュエフ／アルマン委員会の設置

一九五九年一月八日、フランスは第四共和政から第五共和政に移行した。この第五共和政の初代大統領にはドゴールが就任し、空席となった首相にミシェル・ドゥブレが指名された。このように政治体制が変わり、またリュエフ・プランも実施に移されたが、財政政策にたいする財務当局の姿勢に変化は見られなかった。

三月に入ると、財務大臣に留任したピネーが改革に消極的なことがはっきりする。このためリュエフは、首相のドゥブレに改革の継続を訴えることになる。六月一〇日、彼は任地のルクセンブルクから「必要不可欠な若干の改革に関する覚書」(12)をドゥブレに送り、次の五項目を提案する。(1)財政改革の継続。(2)国際通貨制度の改革。(3)財政均衡を実現するための税制改革。(4)信用政策全般にかかわる信用改革。(5)行政改革。ここでは個々の改革項目に立ち入ることはせず、リュエフが一九五九年の時点で、フランス経済全般のみならずフランスの国家機構、さらには国際通貨制度をも改革の射程に入れていたことを確認するにとどめる。

覚書を準備するにあたって、リュエフは密かにパリで社会党書記長のモレと会談していた。それは改革への社会党系労働組合の協力を得るためであった。モレは前年、リュエフ・プランに反対して閣僚を辞任したものの、プランが劇的な成功を収めたことからリュエフにたいする評価を改めていた。彼はこの会談でリュエフへの協力を約束する。

ところが覚書を受け取ったドゥブレは慎重で、ピネーと同じく、動く気配がなかった。リュエフは八月二〇日、今度はドゴールに書簡を送る。[13] リュエフはこの書簡で現状を次のように説明している。プランの採択から七カ月が経過したが、プランに沿って改革を前進させようとする動きはどこにも見られない。それどころか、「行政は再び因習の世界に戻り、改革への情熱は冷めてしまった」。一九三〇年代の大不況期に導入された各種規制は依然として残っており、生産性向上の妨げとなっている。不要となった補助金類にも手がつけられていない。このように現状を説明したあとで、リュエフは労働組合の二つの全国組織、労働総同盟―労働の力(CGT―FO)とフランス・キリスト教労働者同盟(CFTC)も改革に協力してくれるはずだ、と記している。リュエフは覚書の作成に先立って、モレの仲介で改良主義的な労働組合の指導者たちと会い、彼らの協力をとりつけていたのである。最後に、リュエフは覚書をこう結んでいる――「閣下の個人的介入だけが装置「プラン」を軌道に戻せるのです」と。

リュエフの書簡にドゴールは即座に反応した。九月一日には大統領の指示により、ドゥブレが「経済発展への障害」を検討するための首相直属の委員会の設置を決める。これをうけてリュエフは、九月末と一〇月末に、二度、前出のモレと会談する。新しい委員会を組織するにあたり、彼に助言と協力を求めるためであった。会談でモレは、リュエフについての「自由主義経済学者という悪い評判」(14)を薄めて労働組合の協力を得やすくするために、首相のドゥブレを名目上の委員長とし、副委員長にリュエフとフランス国有鉄道総裁ルイ・アルマンの二人を充てるよう助言した。こうして一一月一三日に設置された委員会は、委員長がドゥブレ、副委員長がリュエフとアルマン、委員は雇主代表三名、労働組合代表三名、国有企業代表二名、農業代表二名、銀行代表一名、経済学者三名という構成をとることになった。そして労働組合代表として、管理職総同盟（CGC）書記長、フランス・キリスト教労働者同盟書記長、労働総同盟—労働の力代表の三名が参加することになった。「リュエフ／アルマン委員会」の誕生である。

リュエフ／アルマン報告——「プロメテウス型社会」の構想

一九五九年一一月に活動を開始した委員会は九五回の会合を重ねたのち、一九六〇年七月に報告書をまとめた。このリュエフ／アルマン報告(15)もまた、リュエフ自身が用意した。しかしリュエフの手になるこの報告書は、委員の間に表現が直截的すぎるとの意見があったことから、より穏当なテクストに差し替えられた。こうした経緯をふまえ、本章ではリュエフのオリジナル版を参考にしつつ、報告書の内容を紹介しよう。

報告書は長大な序論と具体的な勧告の二つの部分からなっている。

序論では、フランス経済の現状と改革の方向性が総括的に示される。フランス経済の発展水準は近隣の欧州諸国に比べて低い。その原因は、両大戦間期に導入された各種規制によってフランス経済の構造が硬直化していることにある。フランスがめざすべきは、現状の対極に位置する社会である。それは不断に構造が再編される社会であり、科学的知見と生産技術の進歩に開かれた社会である。序論はこのタイプの社会を、天上から火を盗み人間を冒険の道へと引き入れたギリシャ神話の英雄プロメテウスの名をとって「プロメテウス型社会」と呼ぶ。このタイプの社会は人間社会の本来の姿であるだけでなく、今日のフランスが選択を余儀なくされている社会でもある。なぜなら、ＥＥＣへの参加を最終的に決断したフランスは、ＥＥＣの他の域内諸国と同じ土俵で競争せざるを得ないからである。リュエフのオリジナル版の一節を引用しよう。

この七〇年間ではじめて、フランス経済は「為替の自由化」〔フランの交換性回復〕によって外国との競争と、そしてとりわけ共同市場を介してドイツの活力ある生産と向き合うことになった。インフレが終息したことと、〔欧州〕共同市場を受け入れたことによって、フランスは希望に満ちた、しかし重い義務を課せられた新しい時代に入った。インフレという毒入りの支援を取り上げられてしまったので、フランスが自国の生産を発展させて生活水準の向上を図るには、実効性のある努力、市場への不断の適応、最高収量の追求、をめざすしかなくなっている(16)。

ところで、フランスの社会が「プロメテウス型社会」に転換し、経済発展が常態になるには、経済から硬直要因が除去されねばならない。硬直要因がなくなれば価格メカニズムは正常に機能し、経済構造は価格の変動をつうじて不断に調整され再生産されるようになり、経済は順調に発展する。なぜなら、「構造と価格の変動は発展の結果であると同時に原因でもある」からである。それゆえ公権力の手で硬直要因を除去し、経済の「構造再編」を図らねばならない。これが、序論に示された委員会の、第一の、核心的な主張である。

この主張は第二の主張ともいうべき次の二つの留保条件によって補完されている。(1)経済の構造再編は痛みをともなうので、実施にあたっては、利子補給、低利融資、転換補償、住宅建設、教育研修などの「誘導的諸措置」を講じる必要がある。ただしインフレを惹き起こすさぬよう、それらの措置はあくまでも一九五八年の「財政再建」の枠内に収められねばならない。(2)硬直要因を除去するとはいっても、それは公権力が、新たに自由な価格変動を介して形成される構造を、低所得者への低家賃住宅供与のような方法で変更することを禁じるものではない。報告書にはこう記されている。「われわれは価格の真実性を基本と考えている。しかし〔同時に〕、その効果が、社会正義と民生の観点から必要とされる富の再配分によって、必要かつ可能な範囲内で修正されることを望むものである」[17]。

報告書の後半をなす勧告の部分では、具体的な「発展の障害」の洗い出しと具体的な施策の提案がなされている。フランスでは一九三〇年代の大不況期から戦後解放期にかけて、財貨やサーヴィスの価格が次々と政府の統制下に置かれるとともに、経済活動の大半に規制の網がかけられた。報告書では、そうした統制や規制に依然として意味があるか否かが個別の業種ごとに吟味され、具体的な改善法が示されている。それらの改善法に共通しているのは、(1)統制や規制の緩和(そこにはパート・タイム労働の導入も含まれている)と制度および機構の柔軟化、(2)そのための法制度の改編と整備である。

勧告の部分でさらに注目を引くのは、非経済領域における三種類の改革が提案されていることである。第一は「情報開発」で、経済専門家を育成するための教育制度の整備、経済の現状および経済政策に関する政府の広報活動の徹底などからなっている。第二は「教育改革」である。この改革は人々に、経済情報や政府の経済政策情報にもとづいて「進歩への適応」や「転職・転業」を図る能力を身につけさせること、つまり人々の市場適応能力の開発に主眼がおかれている。それは義務教育年限の延長、中等教育への基礎的経済教育の導入、農村住民への教育機会の拡充などからなる。第三は、主に伝統的な縦割り行政の廃止を目的とした「行政改革」である。

要するに、リュエフ／アルマン報告における提案とは、自由な市場機能を高めることを目的とした、経済、社会および国家機構の構造改革にほかならなかった。改革の対象から外されていたのは、政治が深く絡み、かつ国会事項でもある国有企業および準公的金融機関と、フランス銀行の協力が必要な信用領域だけである。このような報告書の全文が、すなわち新自由主義を理念とする構造改革が、国有企業代表、非共産党系労働組合三団体の代表を含む委員全員によって了承されたのである。それが未だ新自由主義という用語が一般には知られていない一九六〇年四月だったことは特筆に値する。

しかしリュエフ／アルマン報告は、先のリュエフ報告とは違い、改革があまりに広範囲に及ぶこともあり、ただちに組織的な構造改革の実施に結びつくこともなければ、劇的な経済効果を生じることもなかった。報告の内容が完全なかたちで実現するには、規制緩和と国有企業の民営化の流れが定着する一九八〇年代およびそれ以降をまたねばならない。

第三節　信用構造改革構想

信用構造改革の提言

リュエフ委員会とリュエフ／アルマン委員会が発足する端緒となった二篇の覚書には、信用改革が重要な課題として明記されていた。だがリュエフは信用改革に手を染めることを許されなかった。彼は自著のなかで、「信用に関しては絶対的な禁止に直面した」(18)と記しており、信用改革にたいするフランス銀行と財務省の抵抗がいかに頑強なものであったかがうかがえる。

一九六一年一二月五日、リュエフは二つの委員会では扱えなかった信用改革を、公開講演の場で正面から論じる(19)。この講演は次のような現状認識から始まる。リュエフ・プランが実施された一九五八年末以後も、フランスにおけるインフレ基調は変わっていない。このため、「発展のなかの安定」という一九五八年に採用された戦略が破綻しようとしている。ところが当事者であるフランス銀行は、インフレの原因は国家財政の歳出超過にあるとする旧態依然の議論をくりかえすばかりである。しかし、一九五八年以降のインフレは国際的な通貨事情と国内市場の特殊性に原因があり、国家財政に責任はない。

次いで、リュエフはフランスのインフレを次のように分析する。通貨の交換性回復後の世界的なドル過剰を背景に、フランスには海外から大量の資本が流入している。しかしそれにもかかわらず、フランスでは金利、とくに長期金利が下がり投資が促進されるという調整メカニズムが働いていない。このため、余剰資金は市場で吸収されずに購買力となって物価を押し上げている。ではなぜ調整メカニズムが働かないのか。その原因は二つある。

第一に、信用政策に総括的な責任を負う国家信用評議会と、そのもとで個別の信用政策を立案し実施するフランス銀行[20]が、銀行（国有銀行、民間銀行）の貸出金利に下限を設けているために、金利の低下が妨げられている。

第二に、フランスでは銀行間市場としての「貨幣市場《マルシェ・モネテール》」（以下においては、貨幣市場という用語はこの限定された意味で用いる）が著しく狭隘で、存在しないに等しい。これは一九世紀に起源をもつフランスの信用システムに由来している。このシステムには二つの大きな特徴がある。一つは、銀行券の発行独占権をもつフランス銀行が割引歩合（公定歩合）を貨幣市場金利の水準以下に設定することによって、国内信用の流動化を一手に引き受けている。つまり、フランスの市場は「中央銀行市場」であった。いま一つは、一般の民間銀行のほかに、不動産、建設、農業、ホテルなどの経済部門ごとに設置された、準公的金融機関と呼ばれる一群の専門金融機関が存在する。これらの金融機関は特別法によって創設され、税制上の優遇措置などの特権を付与されている。そのために、それぞれの金融機関の周りには自律的な資金の回路が形成されていた。

信用システムが以上のようなものであったことから、フランスにはイギリスに典型的に見られるような統一的な市場が存在しなかった。あるのは狭く仕切られた市場の寄せ集まりであり、それは柔軟性を欠いていた。こうしたフランス市場の特質は、一九三〇年代末以降、フランス銀行による中期流動化手形の割引によってさらに強められ、インフレの重要な要因となっていた。それだけにリュエフは、講演でフランス銀行の信用政策を厳しく批判している。たとえば、「フランス銀行が中期手形の保有者に与えている流動化の便宜は、フランスの通貨を蝕んできた、また蝕みつづけている癌である[21]」、「フランスでインフレがつづいているのは、本質的に、わが国の信用政策の信じがたい誤りに原因がある[22]」など。

リュエフは以上の分析にもとづいて二つの改革を提案する。第一に、戦時期に導入された最低金利制度を廃止する。第二に、フランス銀行は割引率を常に貨幣市場金利を上回る水準に設定することとし、割引業務から手を引く。そしてフランスに貨幣市場を創設する。ちなみに、前者はヴィシー政権期以来の「組織化された信用システム」[23]の変更を意味し、後者はフランス銀行の伝統的な信用政策と、フランスにおける同じく伝統的な市場構造の全面的な改変への道を開くことを意味する。[24]とくに第二の改革は、フランス銀行と財務省が貨幣市場の狭隘さを理由に中央銀行市場を存続させてきたという事情もあり、容易なことではない。

以上のような国家信用評議会とフランス銀行を正面から断罪するリュエフの爆弾発言には、フランス銀行が強く反発した。ボーンガルトネルの後任の総裁ジャック・ブリュネは、講演から一カ月後の一九六二年一月一〇日にリュエフと会談している。この会談には次席副総裁、国家信用評議会事務局長、国庫局長という、フランスの通貨、信用、財政の最高の実務責任者たちが同席していた。しかし、規制体制の維持が必要だとするブリュネと、その廃止こそが必要だとするリュエフの主張は併行線をたどり、会談は何の成果も生まなかった。[25]

リュエフは一九六二年に経済社会審議会の金融・信用・租税部会の評定員に選任されるが、彼はこの国家機関にも持論を展開した覚書を提出した。こうして一九六三年から六四年にかけて、同審議会の部会でもリュエフの信用改革提言がとりあげられた。この会合にはフランス銀行総裁も参考人として呼ばれたが、先のリュエフとの会談におけると同様、総裁は規制体制を維持する必要がある旨の陳述を行った。[26]かくて、ここでもリュエフの提言は受け入れられなかった。

以上のように信用改革の領域では、リュエフは財務省とフランス銀行の牙城を崩すことができず、ドゴールの介入も実現しなかった。だが信用改革は、リュエフの手を離れたところで段階的に、かつ着実に実現することになる。まず一九六〇年代末から七〇年代にかけて、手形制度の改革、フランス銀行の市場介入方式の転換、さらに同行の定款の全面改正（一九七三年）が実現する。次いで一九八〇年代になると、社会党出身の大統領フランソワ・ミッテランのもとで、ドゴールですら手をつけられなかった大規模な信用構造改革が実施される。まず財務大臣ジャック・ドロールの手で、専門金融機関制度の廃止を主要な内容とする一九八四年銀行法が制定される。次いで一九八五年—八八年に、ドロールの後任ピエール・ベレヴォゴワによって大規模な金融・証券市場改革が実施され、一九世紀に起源をもつ旧い制度や慣行が一掃される。こうして銀行間市場としての貨幣市場が、フランスでも完全なかたちで実現する。(27) それにともなってフランス銀行は信用配分から完全に手を引き、いわゆる「金融システムの安定維持」に専念することになる。

一九六〇年代末以降の信用改革の流れの背景にあったのは、国際資本移動の活発化である。国際資本移動は、地域を欧州に限定すればＥＥＣの発展にともなうものであり、地域の限定を外せば、まずユーロ・カレンシー市場の発達、次いで変動相場制への移行によって促進された。

一九八〇年代からは「金融自由化」の波が世界に広がる。こうした国際的市場環境の大きな変化に対応するには、信用システムを柔軟にする必要がある。フランスの左翼政権といえども、この新しい歴史の大状況に適応せざるを得なかった。別の言い方をすれば、信用領域においては、もはや政治的党派やイデオロギーの違いは意味をもたなくなったのである。(28)

註

（1）Jacques Rueff, « Eléments pour un programme de rénovation économique et financière ». Repris dans Jacques Rueff, *Combats pour l'ordre financier*, Paris, 1972, pp.153-163.

（2）この金融機関の詳細については、後段（二三六頁）を参照。

（3）J. Rueff, *Combats pour l'ordre financier, op. cit.*, p.260.

（4）*Rapport sur la situation financière* (présenté au ministre des Finances en exécution de sa décision du 30 septembre 1958). Repris dans *ibid.*, pp.170-248. リュエフ・プランの評価については、Institut Charles de Gaulle, *1958. La faillite ou le miracle. Le plan de Gaulle-Rueff*, Paris, 1986. を参照。

（5）以上、ドゴールとの会見に関する引用は、すべて、J. Rueff, *Combats pour l'ordre financier, op. cit.*, p.251. に拠っている。

（6）*Ibid.* ドゴールは同様の質問を一二月二四日にも顧問のゲーツにしていた。「ゲーツ君。多くの人が躊躇しています。このプランが技術的にみて四のうち三まで成功するという保証を私にしてください。残りは私の責任です。私はこの責任を引き受けることとし、私はそれを実行する決定をしましょう。」（« L'exposé de

Roger Gaetze », in *Charles de Gaulle en son siècle*, t.3, Paris, 1992, La Documentation française, p.53.)

（7） Lettre de C.-J. Gignoux à Jacques Rueff, 8 décembre 1958. Cit. par *ibid.*, p.167.

（8） Archives nationales, 579AP (fonds Jacques Rueff) /161, Note sur la conversation de J. Rueff avec Couve de Murville au sujet du contrôle des changes, 3 août 1968.

（9） 本書、一七〇頁を参照。

（10） 「要するに奇跡か破綻か、道は二つしかなかった」――シャルル・ドゴールは当時をこう回想している。Charles de Gaulle, *Mémoires d'espoire. Le Renouveau*, Paris, 1970, p.146.（ドゴール著／朝日新聞外報部訳『希望の回想』朝日新聞社、一九七一年、一九五頁。）

（11） 本書、一七二頁、参照。

（12） Note sur quelques réformes indispensables, 10 juin 1959. Repris dans J. Rueff, *Combats pour l'ordre financier, op. cit.*, pp.265-275.

（13） Lettre de Jacques Rueff à Charles de Gaulle, 20 août 1959. Repris dans *ibid.*, pp.275-280.

（14） *Ibid.*, p.283.

（15） *Rapport sur les obstacles à l'expansion économique* (présenté par le Comité institué par le décret n°59-1284 du 13 novembre 1959), 1960. Réédité dans J. Rueff, *Combats pour l'ordre financier, op. cit.*, pp.319-448.

（16） *Ibid.*, p.299.

（17） *Ibid.*, p.313.

（18） *Ibid.*, p.453.

（19） この講演原稿は Jacques Rueff, *Discours sur le crédit,* Paris, 1961. (Réédité dans *ibid.*, p.469.) として公刊さ

れた。
(20) 第二次世界大戦後に、「銀行国有化」と「信用組織化」という名のもとに創設されたフランスの銀行・信用システムについては、権上『フランス資本主義と中央銀行』（前掲書）二六七―二六八頁、を参照。
(21) J. Rueff, *Combats pour l'ordre financier, op. cit.*, p.469.
(22) *Ibid.*, p.454.
(23) 権上『フランス資本主義と中央銀行』（前掲書）三〇六―三三六頁、を参照。
(24) フランス銀行の伝統的信用政策と市場構造については、権上『フランス資本主義と中央銀行』（前掲書）一―二八頁、を参照。
(25) Archives de la Banque de France, Procès-verbaux du Conseil général de la Banque de France, 11 janvier 1962.
(26) 権上康男「フランスにおける新自由主義と信用改革（一九六一―七三年）――『大貨幣市場』創出への道」『エコノミア』第五四巻第二号、二〇〇三年一一月、六―七頁、を参照。
(27) 権上「フランスにおける新自由主義と信用改革」（前掲論文）一四二頁以下、を参照。
(28) リュエフ以後のフランスにおける信用改革については、権上康男「新自由主義はどのようにして経済社会を支配するにいたったか（一九五八―九九年）――フランスの事例」『横浜商科大学紀要』第一一巻、二〇一六年一〇月、Yasuo Gonjo, « Le plan Barre, *op. cit.* » を参照。

結び

　リュエフとケインズは理論においても政策論においても互いに対極に位置していた。経済学の世界における二人の対照的な位置関係には、第一次世界大戦後に姿を現した新しい政治・経済・社会状況にたいする姿勢の違いが色濃く投影されている。この新しい状況は、それまで経済的自由主義を謳歌してきた西欧世界の根底を揺るがし、西欧世界が育んできた近代文明そのものを危機に陥れかねないものであった。

　ケインズは、政治も社会も経済学の古典理論が説く価格メカニズムによる調整には耐えられないだけでなく、そもそも調整なるものは「空想」であるとし、調整を必要としないシステムの構築を自身の経済学の課題に据える。これにたいしてリュエフは、価格メカニズムが否定され、ミクロ・レベルで調整が行われなくなれば、しだいに私権が制限されるようになり、最終的に権威主義体制と組織経済に行き着くと考える。価格メカニズムが十全に機能する自由な市場経済の維持こそが、大陸欧州諸国で急速に台頭しつつあった社会主義とファシズムへの防波堤になると、リュエフは見たのである。

一九三八年に開催されたリップマン・シンポジウムには、フランス語圏の経済学者や実業家たちのほかに、祖国を逃れていたドイツ＝オーストリア系、それにスペインの自由主義者が参加したが、生粋のイギリス育ちの経済学者の姿はなかった。ケインズに限らず、イギリスの経済学者たちは、社会主義にもファシズムにも大陸欧州の自由主義者ほど切実な脅威を感じていなかったかに見える。彼らの関心はむしろ、組織労働者の目覚しい台頭によって生じた社会や政治の亀裂や分断の方にあったようである。エコノミック・ジャーナル誌上でのドイツ・トランスファー論争において、リュエフがケインズの考え方は「組織経済に行き着く」と批判したのにたいして、ケインズはそれには答えず、代わりにフランの切下げがフランス社会にもたらした混乱の方を問題にしたことによく表れている。

以上のような研究姿勢の違いは二人のその後の理論展開の違いとなって現われる。ケインズは『一般理論』において、「流動性選好」仮説から出発して、金融・財政政策によって有効需要を創出する政策論、つまり調整も構造の変更も必要としない政策論を提示する。これにたいしてリュエフは経済学の古典理論の大枠のなかにとどまる。とはいえ彼も、ケインズが主張するように経済学が短期の問題にも応えられねばならないことは承知していた。この問題に応えるべく、彼は遅くともリップマン・シンポジウムまでに、「自由主義的介入」概念を着想する。それと同時に、この概念を根拠づけるために、自由主義の本質は最大効用の実現ではなく価格メカニズムが保証されることにある、とする仮説を用意する。さらに、経済学を富の科学と見る伝統的な理解を否定し、経済学を「社会平和を強制する法制度のちょっとした出っ張りのようなもの」と見做すに至る。かくてリュエフとケインズは、ともに独創的な仮説あるいは独創的な経済学理解の上に、新しい時代の必要に応えられる経済学を構築ないしは再構築しようとしたと言える。リュエフについてさらに加えれば、彼は西欧諸国間に「共同市場」という名称の広域市場を創設し、この市場を介して自らの経済・社会理念を実現する構想を、早い時期から温めていた。

リュエフとケインズはまったく異なる方向から国家の介入に道を開いたのであるが、二人とも介入から恣意を排除するための仕組みを用意していた。ケインズはインフレと「真正インフレ」を区別することによって、有効需要創出政策が意味をもつ、したがってまた許容されるのは不完全雇用下であるという限定を設けている。最晩年の論文でも、彼は「見えざる手」のもつ重要な意義を説き、介入政策に限界のあることも確認している。一方のリュエフは、国家の介入にたいして、価格メカニズムと両立するタイプのものでなければならないという限定を付した。

しかし現実には、国家の介入に歯止めをかけるのは容易でない。議会制民主主義のもとでは、価格メカニズムによる調整は痛みをともなうために、財政政策や金融政策によって先延ばしされる傾向がある。とはいえ、リュエフによればいかなる社会も均衡なしには存続できない。調整を先延ばしすれば不均衡は拡大し、均衡の回復には規模の大きな、したがっていっそう大きな痛みをともなう調整が必要となる。それすらも無視すれば、最終的に制御不能な経済危機に見舞われ、市場の暴力によって調整が強行される。一九三〇年代および七〇年代における大不況は、まさにそうした先延ばしされた調整の不幸な結末にほかならなかった。リュエフに限らず、ハイエクなど大陸欧州系の新自由主義者たちが議会制民主主義への懐疑を隠そうとしなかったのはこのためである。

ところでリュエフは、個人に自由が保証されている社会では、価格メカニズムの働きは長期間阻止しつづけられないことを確信していた。そうした確信は、彼が経済理論を自らの独創的な哲学によって根拠づけていたからだと考えられる。この哲学によれば、経済理論は自然のなかに観察できる因果連関を論理的な因果連関に置き換えて定式化したものであり、物理学などの自然諸科学の理論と何ら変わるところがない。それゆえリュエフは、自然の一部である経済現象を人間の都合に合わせて自由に操作できるとは考えない。人間にできるのは、重力があっても飛行機を飛ばせるように、自然の法則と抵触しないかたちで経済政策という技術を開発することである。彼の言う「自由主義的介入」とはまさにそうした政策技術にほかならない。

リュエフは、一九五八年のフランスの経済危機や一九六〇年代のドル危機の原因を分析して危機への対処法を導き出し、それを採用するよう当局者たちに精力的に働きかけた。その時の彼の孤立を意に介さない決然とした姿勢は、前述のような彼の哲学・科学方法論と無関係とは思えない。しかし、リュエフの提言がそのまま現実の政策に採用されたのは、一九五八年のドゴール政権下におけるフランスの財政構造改革においてだけであった。ドル危機については彼の提言は受け入れられず、この危機は結局、彼の預言どおり国際通貨体制の崩壊によって決着を見た。この事実は、問題への対処法が仮に理論上は正しくとも、必ずしも現実の政策選択に反映されるものではないことの一つの証左である。リュエフの行動的な理論家・実務家としての波乱に富んだ生涯は、二〇世紀の歴史が理論と現実との乖離に淵源をもつダイナミズムによって形成されてきたことを教えてくれるかに見える。

ケインズとリュエフ双方の経済学をとりまく環境は第二次世界大戦以後、時間の経過とともに次々と大きく変化する。まず大戦の終結と同時に、ファシズムがスペイン以外の西欧諸国から一掃された。二〇世紀末には社会主義の総本山たるソ連邦も崩壊する。一九七〇年代には、スタグフレーションを契機にケインズ主義は大半の西側先進諸国で失効し、代わってミルトン・フリードマンのマネタリズムがアメリカを舞台に台頭する。一方、リュエフの経済学も、変動相場制が公認され、金が廃貨とされたために、統合欧州以外においては現実的な基盤を失う。

二〇世紀末からは経済のグローバル化が、金融自由化、新しい情報通信技術の普及、産業のサーヴィス化と手を携えて進む。そして、有力企業の多くが企業戦略の要にグローバル市場におけるシェア拡大を据えるようになる。グローバル市場を支配するルールは、市場原理主義とも言えるタイプの自由主義、「ジャングルの自由」にも似た法制度不在の自由である。一方、国民国家の内部では、グローバル化する経済に経済社会を適応させるために国有部門の民営化、雇用・労働規制の緩和、法人税の引下げなどが実施される。こうして国家の機能の一部は変容し、職業諸団体なかでも労働組合は力を削がれる。かつて肯定的な評価とともに語られていた完全雇用も福祉国家も死語となる。リュエフとケインズ双方の経済学が前提としていた自律的な国民国家と強力な職業諸団体の黄金時代は過去のものとなったかに見える。

グローバル化が各国の経済と社会に大きな変化をもたらしたことは疑いようがない。とはいえ、一九世紀以降に世界に普及した国民国家と国民経済がグローバル世界とグローバル経済のなかに溶解してしまうことは考えられない。リュエフ流に言えば、文明社会は社会的権力によって秩序づけられるものだからである。グローバル世界に国際的な権力機関が存在しない以上、社会は国民国家の手で秩序づけられ、維持されねばならない。それに、人々の大多数は国民国家の版図内で生涯の大半を送っている。それだけではない。しばらく前から、政治、経済、軍事面における既存の国際的な力の均衡が崩れ始め、国際的緊張が増すようになった。それにともない国民国家は急速に存在感を強めつつある。

ところで国民国家が期待される役割を果たすには、その財政基盤が堅固でなければならない。しかし第一次世界大戦以降、国家の経済・社会領域への介入が深まるにつれ、各国の財務当局は財政規律の維持に苦慮するようになる。第二次世界大戦後にケインズ主義は西側諸国（ただし社会的市場経済の国、西ドイツは除く）の財政・通貨当局者たちによって熱狂的に支持されたが、それはこの理論に財政赤字とインフレに寛容な側面があったからである。こうして西側諸国では、多かれ少なかれ短絡的な楽観主義が根を下ろした。それによれば、出発点において財政が赤字であっても、積極的な財政・金融政策によって弱い通貨の基礎上に経済を成長させるなら、財政は中期において均衡する。リュエフはこうした楽観主義を厳しく批判し、孤軍奮闘した。その際、彼が対案として用意したのは次のような成長論と社会改革構想である。成長は社会レヴェルで生産性が上昇した結果として実現するものである。生産性の上昇を図るには、社会を科学的知見と生産技術の進歩に開かれた、しかも構造が不断に再編されるフレキシブルなものに改造しなければならない。社会を改造するには各種規制の緩和と、行財政改革を含む国家機構全般にかかわる構造改革を実施し、硬直化した旧弊、なかでも縦割り行政を一掃する必要がある。

西欧諸国が強い国民通貨をもち、生産性を引き上げることこそがアルファでありオメガであることに開眼し、リュエフの提言をなぞるように広範囲にわたる構造改革に着手したのは、一九七〇年代に深刻なスタグフレーションとの闘いに敗北して以降である。一九八〇年代に入ると、構造改革とそれを支える新しい経済・社会理念は概ね国民的コンセンサスを得る(1)。このように西欧諸国は構造改革を進めることで早期に足並みを揃えることができた。それは欧州共同市場を為替の変動から防衛するために通貨統合を急ぐ必要があったからである。通貨統合には、域内諸国間における経済の基礎的諸条件の差を最小化すること――ＥＣ／ＥＵの用語でいう「収斂」――が必要不可欠であり、そのために構造改革が急がれたのである。いうまでもなく構造改革の過程は困難と曲折に満ちていた。しかし一時的に停滞することはあっても、後退することはなかった。かつて旧型社会の典型のように見られた西欧諸国は、このようにして二一世紀型の経済社会へと変貌をとげたのである。

国民国家が厳然と存続しているがゆえに、国民国家の古典時代に活躍したケインズもリュエフも、依然として歴史の舞台から消え去ってはいない。ケインズ主義は、第二次世界大戦後に各国が成長を不動の社会目標に据えたことから、一九七〇年代以降も成長を財政・金融政策によって可能にする政策論として残っている。別の言い方をすれば、社会の分裂を回避し、社会平和を保障してくれる、政権担当者にとって使い勝手のよい、短期の政策論として存続している。一方、リュエフの学説、なかでも新自由主義も今日のEUのなかに確実に生きつづけている。この事実は、統合の深化と併行して統合の範囲が著しく拡大したために分かりにくくなっている。しかし、EUが次のようないくつかの要素によって支えられていることからして、疑問の余地はない。商品、資本、人が自由に域内を移動できる単一市場。EUの中核に位置する究極の固定相場制とも言うべき単一通貨圏（ユーロ圏）、すなわち為替変動が存在せず、しかも事実上「不可逆的な」通貨圏。(2) この通貨圏の存立を保証している厳格な加入条件（とくに厳しい財政規律と安定した物価）。社会理念としての社会的市場経済。

ケインズとリュエフ以後、この二人に比肩するような強靭な構想力をもった政治経済学の理論家は現れていない。しかし、だからといって人間の存在を、あるいは近代文明のありようを根底から問うような問題が消滅したわけではない。科学技術は今後とも進歩しつづけるであろうが、それだけでは深刻化する地球規模での環境問題は解決しそうにない。マクロ経済の管理技術も進歩しつづけるであろうが、市場経済に内在する矛盾を取り除くことはできない。成長に代替し得るような、現代社会の矛盾を解消してくれる魅力的な社会目標は現れそうにない。権威主義国家は別にして、議会制民主主義に代わる政治制度も現れそうにない。

一方、リュエフが重視し、ケインズも部分的にその重要性を認めた「見えざる手」による調整も簡単ではない。多くの国で国有企業が廃止され、雇用・労働関係のフレキシブル化が進み、高等教育が普及したことにより、かつてリュエフがフランス社会の目標に掲げた「プロメテウス型社会」はすでに多くの国で実現されているかに見える。それにもかかわらず、EU域内においてすら人の自由な移動はさまざまな軋轢を生じているし、調整にともなう転職・転業、移住を円滑にしてくれるはずの諸制度は、構想通りには機能していない。ひところ、国や地域間の経済格差や所得格差は、グローバル化の進展にともなって縮小すると言われた。だが実際には、これらの格差が拡大し固定化しつつあることが、世界各地から報告されている。統合欧州から聞こえてくる不協和音、ポピュリズムの台頭、あるいは貿易収支の不均衡をめぐる大国間の紛争はまさにそうした現実の反映である。

かくて、自由主義経済には依然として解決を要する多くの問題群が控えており、リュエフとケインズが直接・間接に繰り広げた古典的論争は、今日もなお、決して色褪せてはいない。

註

(1) この点に関する実証研究は、とくにフランスについてはかなり進んでいる。権上康男『通貨統合の歴史的起源』(前掲書) 二三一―八五、五四三頁、同「新自由主義はどのようにして経済社会を支配するにいたったか」(前掲論文) 一四六頁以下、Y. Gonjo « Le plan Barre, *op. cit.* ». Cf. Michel Albert, *Un pari pour l'Europe*, Paris, Seuil, 1982. (ミシェル・アルベール著/千代浦昌道訳『ヨーロッパの賭』竹内書店新社、一九八五年。)

(2) ユーロ圏参加諸国がこの通貨圏から離脱できない事情は、専門研究者の間でも知る人が少ない。マーストリヒト条約の付帯議定書に「単一通貨」(シングル・カレンシー) と明文規定されているにもかかわらず、ユーロが時に「共通通貨」(コモン・カレンシー) と混同されるのも同じ事情による。この事情については、権上康男「単一通貨――ユーロ成立の歴史的背景」『現代社会の諸問題をキーワードで解く』横浜商科大学公開講座二七、二〇一一年、南窓社、三五―三六頁、同『通貨統合の歴史的起源』(前掲書) 一〇六―一〇七頁、を参照。

史料・文献目録

史　料

本書執筆の過程で若干の第一次史料を参照した。その所蔵機関、文書の種別、文書内容を以下に記す。

フランス国立歴史文書館（Archives nationales）。リュエフ文書。書簡。

フランス国立歴史文書館経済・財政分館（Archives économiques et financières）。国庫局文書。ロンドン駐在財務官時代のリュエフの報告書類など。

フランス銀行歴史文書室（Archives de la Banque de France）。総務局文書。フランス銀行理事会の議事録など。

スタンフォード大学・フーヴァー研究所歴史文書室（Hoover Institution Archives）。ハイエク文書。モンペルラン協会関連文書。（須藤功氏から貸与された文書コピー一式）

文　献

以下に掲げる印刷文献は、本書で引用したものを中心に作成されている。

Albert (Michel), *Un pari pour l'Europe. Vers le redressement de l'économie européenne dans les années 80*, Paris, Seuil, 1982.（ミシェル・アルベール著／千代浦昌道訳『ヨーロッパの賭——経済再建への切り札』竹内書店新社、一九八五年。）

Bergson (Henri), *L'évolution créative*, Paris, 1907, Felix Alcan.（ベルクソン著／真方敬道訳『創造的進化』岩波文庫、一九七九年。）

Bourricaud (François) et Salin (Pascal), *Présence de Jacques Rueff*, Paris, Plon, 1989.

Bureau international du Travail, *Dix ans d'organisation internationale du travail,* Genève, B.I.T., 1931.

Chivvis (Christopher S.), *The Monetary Conservatism. Jacques Rueff and the Twentieth-century Free Market Thought*, Northern Illinois University, 2010.

Commissariat général du Plan, *Jacques Rueff. Leçons pour notre temps* (Actes du Colloque pour la commémoration du centenaire de sa naissance), Paris, Economica, 1997.

Committee on Finance and Industry, *Report : presented to Parliament by the Financial Secretary to the Treasury by command of His Magesty*, June 1931, London, H.M.S.O., 1931.（加藤三郎・西村閑也訳『マクミラン委員会報告書』日本経済評論社、一九八五年）; Id., *Minutes of Evidence taken before the Committee on Finance and Industry*, 2 vols, London, H.M.S.O., 1931.（西村閑也訳『マクミラン委員会証言録抜粋』日本経済評論社、一九八五年。）

Compte-rendu des séances du Colloque Walter Lippmann, 26-30 août 1938, Paris, Médicis, 1939.

Gaulle (Charles de), *Discours et messages*, t.IV, Paris, Plon, 1970.

—— (Charles de), *Mémoires d'espoire. Le Renouveau*, Paris, Plon, 1970.（ドゴール著／朝日新聞外報部訳『希望の回想』朝日新聞社、一九七一年。）

Gayon (Vincent), « Le keynésianisme international se débat. Sens de l'acceptable et tournant néolibéral à l'OCDE », *Annales Histoire, Sciences sociales* », 72 (1), 2017.

Gonjo (Yasuo), « Le plan Barre (1976) : origine historique de l'adaptation de l'économie française à l'environnement international moderne», in Danièle Fraboulet et Philippe Veheyde (dir.), *Pour une histoire sociale et politique de l'économie. Hommages à Michel Margairaz*, Paris, Editions de la Sorbonne, 2020.

Hartwell (R.M.), *A History of the Mont Pelerin Society*, Indianapolis, Liberty Fund, 1995.
Hayek (F.A.), *The Road to Serfdom*, London & Chicago, 1944.（ハイエク著／西山千明訳『隷従への道』二〇〇八年、春秋社。）
Institut Charles de Gaulle, *1958. La faillite ou le miracle. Le plan de Gaulle-Rueff* (Actes du Colloque tenu par l'Institut Charles de Gaulle le 26 janvier 1985), Paris, Economica, 1986.
——, *De Gaulle en son siècle*, t.3, Paris, La Documentation française, 1992.
Journal officiel, Documents parlementaires. Chambre des députés, n°3813, 5 juillet 1934.
Keynes (John Maynard),*The Collected Writings of John Maynard Keynes [CWJMK]*, 30 vols, 1981-1989, Macmillan, Cambridge University Press, 1983.（中山伊知郎他編『ケインズ全集』全二九巻、一九四四—二〇一九年、東洋経済新報社。）
Lippmann (Walter), *The Good Society*, London, Allen & Unwin, 1938.
Minard (Gérard), *Jacques Rueff. Un libéral français*, Paris, Odile Jacob, 2016.
Ministry of Foreign Affairs, *Memorandum on the Organization of a System of Federal European Union*, 1 May 1930, World Digital Library.
Mirowski (Philip), Plehwe (Dieter) (eds.), *The Road from Mont Pèlerin. The Making of the Neoliberal Thought Collective*, Harvard University Press, 2009.
Roosa (Robert V.), Monetary Reform for the World Economy, Harper & Row, 1965.（R・V・ローザ著／鈴木源吾監訳『国際通貨改革論』至誠堂、一九六六年。）
——(Robert V.), *The Dollar and World Liquidity*, Random House, 1967.（ロバート・V・ローザ著／津坂明・若月三喜雄訳『ドルと国際流動性』至誠堂、一九六八年。）

Röpke (Wilhelm), *Civitas humana,* Zürich, E. Rentsch, 1944.（W・レプケ著／喜多村浩訳『ヒューマニズムの経済学』勁草書房、一九五四年。）

Rueff (Jacques), *Des sciences physiques aux sciences morales (Introduction à l'étude de la morale et d'économie politique rationnelle)*, Paris, Alcan, 1922.

——(Jacques), *Théorie des phénomènes monétaires. Statique*, Paris, Payot, 1927.

——(Jacques) et autres, *Les doctrines monétaires à l'épreuve des faits*, Paris, Alcan, 1932.

——(Jacques), *L'ordre social,* 2 vols, Paris, Sirey, 1945.

——(Jacques), « Reply», *Quarterly of Journal of Economics*, November 1948.

——(Jacques), *Le lancinant problème des balances de paiements*, Paris, Payot, 1965.

——(Jacques), *Les fondements phylosophiques des systèmes économiques*, Paris, Payot, 1967.

——(Jacques), *Le péché monétaire de l'Occident*, Paris, 1971.（ジャック・リュエフ著／長谷川公昭・村瀬満男訳『ドル体制の崩壊』サイマル出版会、一九七三年。）

——(Jacques), *Combats pour l'ordre financier. Mémoires et documents pour servir à l'histoire du dernier demi-siècle,* Paris, Plon, 1972.

——(Jacques), *Oeuvres complètes de Jacques Rueff [OCJR],* 6 vols, Paris, Alcan, 1977- 1981 :

Vol. I: *De l'aube au crépuscule. Autobiographie de l'auteur*, 1977;

Vol. II-1 et 2: *Théorie monétaire*, 1979;

Vol. III-1 et 2; *Politique économique*, 1979-1980;

Vol. IV: *L'ordre social*, 1981.

——(Jacques), *Leçons pour notre temps*, Paris, Economica, 1997.

Solomon (Robert), *The International Monetary System, 1945-1981*, New York, Harper & Row, 1982.（ロバート・ソロモン著／山中豊国監訳『国際通貨制度研究一九四五—八七』千倉書房、一九九〇年。）

Teulon (Frédéric), « L'analyse libérale des crises financières: un hommage à Jacques Rueff », in *Vie et sciences de l'entreprise*, N°189, mars 1911.

Tobin (James), «The Failures of Lord Keynes' General Theory: Comment », *Quarterly of Journal of Economics*, November 1948.

Triffin (Robert), *Gold and the Dollar Crisis*, Yale University Press, 1960.（R・トリフィン著／村野孝・小島清監訳『金とドルの危機』勁草書房、一九六一年。）

雨宮昭彦『競争経済のポリティクス——ドイツ経済政策思想の源流』東京大学出版会、二〇〇五年。

石山幸彦『ヨーロッパ統合とフランス鉄鋼業』日本経済評論社、二〇〇九年。

小島健『欧州建設とベルギー——統合の社会経済史的研究』日本経済評論社、二〇〇七年。

権上康男『フランス資本主義と中央銀行——フランス銀行近代化の歴史』東京大学出版会、一九九九年。

——『通貨統合の歴史的起源——資本主義世界の大転換とヨーロッパの選択』日本経済評論社、二〇一三年。

——・広田明・大森弘喜編著『二〇世紀資本主義の生成——自由と組織化』東京大学出版会、一九九六年。

——編著『新自由主義と戦後資本主義——欧米における歴史的経験』日本経済評論社、二〇〇六年。

——「フランスにおける新自由主義と信用改革（一九六一—七三年）——『大貨幣市場』創出への道」『エコノミア』第五四巻第二号、二〇〇三年一一月。

——「単一通貨——ユーロ成立の歴史的背景」『現代社会の諸問題をキーワードで解く』横浜商科大学公開講座、二〇一六年、南窓社。

——「現代史のなかの新自由主義」『歴史と経済』第二二九号、二〇一五年一〇月。

――「統合ヨーロッパ――ナショナリズム、新自由主義、グローバル化」『現代の課題　グローバル化とナショナリズム』横浜商科大学公開講座、二〇一六年、南窓社。

――「新自由主義はどのようにして経済社会を支配するにいたったか（一九五八―九九年）――フランスの事例」横浜商科大学『紀要』第一一巻、二〇一六年一〇月。

廣田功編『現代ヨーロッパの社会経済政策――その形成と展開』日本経済評論社、二〇〇六年。

福沢直樹「ドイツ・ネオリベラリズム研究の今日的展開とその意義」『歴史と経済』第二四六号、二〇二〇年一月。

矢後和彦『国際決済銀行の二〇世紀』蒼天社、二〇一〇年。

吉國眞一・小川英二・春井久志編『揺れ動くユーロ――通貨・財政安定化への道』蒼天社出版、二〇一四年。

過剰な金融社会　GDPの計算は正しいのか
ヤコブ・アッサ／玉木俊明訳　菊/312p/5000円

中央銀行の財政社会学　現代国家の財政赤字と中央銀行
大島通義・井手栄策　菊/292p/4500円

ドイツ経済を支えてきたもの　社会的市場経済の原理
島野卓爾　菊/202p/4500円

アジア通貨・金融危機，および中国の台頭　理論・実証分析
青木浩治　菊/380p/6000円

コモンズのドラマ　持続可能な資源管理論の15年
全米研究評議会編／茂木愛一郎・三俣学・泉留維監訳　菊/694p/9000円

文明社会の貨幣　貨幣数量説が生まれるまで
大森郁夫　A5/390p/6000円

重商主義　近世ヨーロッパと経済的言語の形成
L. マグヌソン／熊谷次郎・大倉正雄訳　A5/414p/6400円

重商主義の経済学
L. マグヌソン／玉木俊明訳　A5/384p/6200円

経済学のエピメーテウス　高橋誠一郎の世界をのぞんで
丸山　徹編　菊/450p/7000円

ミクロ経済分析の基礎　〔数理経済学叢書2〕
長名寛明　菊/476p/6000円

経済現象の調和解析　〔数理経済学叢書8〕
丸山　徹　菊/478p/9000円

動学的パネルデータ分析
千木良弘朗・早川和彦・山本拓　菊/354p/6000円

凸解析の基礎　凸錐・凸集合・凸関数　〔数理経済学叢書6〕
W. フェンヒェル／小宮英敏訳　菊/136p/3500円

確　率　解　析　〔数理経済学叢書9〕
楠岡成雄　菊/276p/4200円

極値問題の理論　〔数理経済学叢書7〕
A.D. イオッフェ，V.M. ティコミロフ／細矢祐誉・虞朝聞訳　菊/632p/9000円

（本体価格，税抜表示）

権上　康男（ごんじょう・やすお）

1941年生まれ。パリ高等研究院（第六部門），パリ第八大学留学，東京大学大学院経済学研究科博士課程単位取得終了。経済学博士（東京大学）。パリ社会科学高等研究院客員教授，横浜国立大学名誉教授

〔主要著書〕『フランス帝国主義とアジア―インドシナ銀行史研究』東京大学出版会，1985年（仏語版 *Banque coloniale ou Banque d'affaires: La Banque de l'Indochine sous la III*[e] *République,* Paris, CHEFF, 1993），『20世紀資本主義の生成―自由と組織化』共編著，東京大学出版会，1996年，『フランス資本主義と中央銀行―フランス銀行近代化の歴史』東京大学出版会，1999年（1999年度日経図書文化賞受賞），『新自由主義と戦後資本主義―欧米における歴史的経験』編著，日本経済評論社，2006年，『通貨統合の歴史的起源―資本主義世界の大転換とヨーロッパの選択』日本経済評論社，2013年。

〔自由主義経済の真実〕　ISBN978-4-86285-342-4

2021年7月10日　第1刷印刷
2021年7月15日　第1刷発行

著者　権上康男
発行者　小山光夫
印刷者　藤原愛子

発行所　〒113-0033 東京都文京区本郷1-13-2
電話 03（3814）6161 振替 00120-6-117170
http://www.chisen.co.jp
株式会社　知泉書館

Printed in Japan　印刷・製本／藤原印刷

人 名 索 引

アイゼンハワー Eisenhower, Dwight David　114, 117
アルマン Armand, Louis　218, 227, 229, 233, 234
アレ Allais, Maurice　8, 9
アロン Raymond Aron　159
井上準之助　5
ヴァロン Vallon, Louis　173
ヴィトゲンシュタイン Wittgenstein, Ludwich　7
エアハルト Erhald, Ludwig　8
エミンガー Emminger, Otmar　139
オイケン Eucken, Walter　171, 176, 178, 179, 194
オッソラ Ossola, Dott. R.　136, 139
オリーン Ohlin, Bertil Gotthard　47, 51, 59

クーヴドゥミュルヴィル Couve de Murville, Maurice　148, 224
クズネッツ Kuznetz, Simon Smith　7
グラッドストーン Gladstone, William Ewart　160
クレマンソー Clémenceau, Georges　19
ゲーツ Goetze, Roger　220, 239
ケネディ Kennedy, John Fitzgerald　114-16, 119, 120, 127
コルソン Colson, Clément　4, 7
コルベール Colbert Jean-Baptist　9

サッチャー Thatcher, Margaret Hilda　180
ジヌー Gignoux, Claude-Joseph　224
ジュヴネル Jouvenel, Bertrand de　179
ジェヴォンズ Jevons, William Stanley　4
スタンプ Stamp, Josiah　37, 38, 42
スミス Smith, Adam　193
セイ Say, Jean-Baptiste　85

ディレクター Director, Aron　175, 176, 177
トービン Tobin, James　9, 85, 93, 140, 146
トーマ Thomas, Albert　33, 37
ドゥブレ Debré, Michel　227, 228, 229

ドゴール De Gaulle, Charles 6, 10, 79, 96, 104, 114-16, 128-32, 138, 139, 141, 148, 152, 212, 217, 222-29, 238-40, 246, 254
トリフィン Triffin, Robert 111-13, 125, 134, 140, 146
トレンズ Torrens, Robert 105
ドロール Delors, Jacques 238

ナイト Knight, Frank Hyneman 175-77
ニクソン Nixon, Richard Milhous 104

ハーディ Hardy, Charles O. 176, 177
ハイエク Hayek, Friedrich A. von 8, 159, 166, 175-80, 182, 194, 245
ピグー Pigou, Arthur Cecil 42
ヒトラー Hitler, Adolf 55, 75, 92, 93
ピネー Pinay, Antoine 113, 217, 218, 220, 221, 223, 225, 227, 228
ピルー Pirou, Gaëtan 172
フーヴァー Hoover, Harbert C. 5
フノルド Funold, Albert Conrad 176, 179
ブュランデロジエ　Burin des Roziers, Etienne 116, 148
ブリアン Briand, Aristid 6, 199, 201, 202
フリードマン Friedman, Milton x, 8, 25, 90, 179, 180, 247
ブリュネ Brunet, Jacques 237
ブルム Blum, Léon 75, 76, 78
ベヴァリッジ Beveridge, William Henry 38
ベーム Böhm, Frantz 171
ペルー Perroux, François 84, 185
ベルクソン Bergson, Henri-Louis 7, 186, 194
ベレゴヴォワ Bérégovoy, Pierre 238
ホートレー Hawtrey, G. Ralph. 43, 69
ポパー Popper, Karl 8
ポランニー Polanyi, Michael 159
ボレル Borel, Emile 26
ポワンカレ（アンリ）Poincaré, Henri 7, 23
ポワンカレ（レイモン）Poincaré, Raymond 5, 61, 67
ボーンガルトネル Baumgartner, Wilfrid 220, 237
ボンドフィールド Bondfield, Margaret 42

マーシャル Marshall, Alfred 4, 43
マクドナルド MacDonald, James Ramsay 42
マチェスニー・マーチン

MacChesney Martin, Jr., William
114, 148
マッハ Mach, Ernst 7
マリオ Marlio, Loius 167, 173
マルクス Marx, Karl Heinrich
160, 178
マルジョラン Marjolin, Robert
159
マンデル Mundell, Robert A. 9,
146
マントゥ Mantoux, Paul 48
ミーゼス Mises, Ludwig von
159, 161
ミッテラン Mitterrand, François
238
モルゲンシュタイン Morgenstern,
Oscar 8
モレ Mollet, Guy 225, 228,
229

ラヴァル Laval, Pierre 5
ラヴデー Loveday, Alexander
42
リカード Ricardo, David 105
リスト Rist, Charles 37, 38,
167, 202
リップマン Lippmann, Walter
157-60, 163, 166, 175, 176,
180, 181, 198, 209, 243, 244
ルージエ Rougier, Loius 158-
61, 175
ルソー Rousseau, Jean-Jacques
209, 210, 215
レジェル（筆名、ペレス）
199- 202
レーニン Lenin, Vladimir Ilyich
142, 145
レプケ Röpke, Wilhelm 8, 159,
166, 175, 176, 179, 182, 194
ローザ Roosa, Robert V. 8,
114, 116-19, 123, 125, 127,
128, 146, 148
ローズヴェルト Rosevelt, Franklin
Delano 73, 134
ロビンズ Robbins, Lionel Charles
159, 167

ワルラス（ヴァルラス）Walras,
Léon 4, 23

事 項 索 引

あ 行

ＩＭＦの機能強化（補強）　116, 118
ＩＭＦの増資　127
アイゼンハワー緊急指令　114
赤字公債　92, 93, 94
アメリカの国際収支　109, 110, 117, 121, 122, 138, 142-44
安定計画　137
イギリスのＥＥＣ加盟　214
一般の利益と個別の利益　206
偽りの権利と真の権利　186, 188-91
イングランド銀行の帝国主義　64, 66
ヴィシー政権　84, 175, 216, 237
永続的失業　33, 34, 37, 40
英仏金会議　68, 76
エコノメトリックス　26, 27
SDR（特別引き出し権）　124, 131, 140, 142-44, 151
Ｍ１　87
OECD　117, 119, 127, 131, 140
欧州経済共同体（EEC）　129, 191, 197, 198, 207, 209, 210-13, 238
欧州経済統合（の深化）　100, 196
欧州司法裁判所　vii, 158, 207, 216, 217
欧州自由貿易連合（EFTA）　213
欧州石炭鉄鋼共同体（ECSC）　191, 197, 207-09, 211-13
欧州通貨制度（EMS）　211
欧州原子力共同体（EURATOM）　197
欧州通貨統合　100
欧州連合（EU）　211
欧州連邦構想　6, 199
オッソラ委員会（G10）　136, 139
オルド自由主義　171, 208

か 行

介入の限界　163
価格そのものに作用する介入　170
科学的実証主義　160
価格の原因に作用する介入　170
価格メカニズムと両立する公権力

の介入形態　viii, 81, 166, 167
「かのように」の市場　208
「かのように」の政策　171
貨幣市場　123, 235-38, 241
貨幣市場金利　123, 235, 236
貨幣の退蔵　225
貨幣の調整現象(調整メカニズム)　32, 85, 88- 89 101
貨幣名目説　89
火曜クラブ　43
為替管理　75, 105, 122, 190, 204
為替戦争　74
為替の自由化　230
為替リスク　211
監視された交換性　144
完全金本位制　20, 63
完全雇用　ix, 83, 99, 184, 185, 247
管理金本位制　66
管理経済　41
管理されたインフレ　185
管理職総同盟（CGC）　229
管理通貨制度　20
議会制民主主義　150, 206, 245, 251
機関車論（OECD）　119
基軸通貨（国）特権　129, 130, 131, 147
規制緩和　100, 234
キャッチアップ　xiii
究極の固定相場制(単一通貨制度)　211, 250
教育改革　233
共産主義　33, 55, 58, 160
行政改革　227, 233
強制カルテル　161
強制仲裁制度　169
共通通貨　252
共通農業政策　210
共同市場　100, 196-200, 207, 214, 231, 244
共同体的　212-14
共同体的政治同盟　213
共同体的方式　212
強力な職業諸団体　247
キリスト教民主同盟（CDU）　180
金価格の引上げ　135, 136, 140, 141, 144, 148
金為替本位制（定義）　63
金為替本位制に潜むリスク　108
金為替本位制のメカニズム　68, 73, 123, 149
銀行法（フランス）　238
金／ドルの交換制停止　145
金のアメリカへの集中　63
金の二重価格制　142-44
金の廃貨　140, 141
金の不胎化（政策）　65, 162
金プール制　114
金ブロック　73, 74
金本位制の再建（復活）　63
金本位制のルール　65
金融システムの安定維持　238
金融自由化　239, 247

金融・証券市場改革　238
クレディ・ナショナル　219, 220
グローバル化　x, 100, 192, 247, 251
グローバル経済　x, 248
グローバル市場　247
グローバル世界　248
計画化　95, 100, 216
経済現象の流動性　54
経済雇用委員会（国際連合） 84, 104, 216
経済社会審議会　237
経済条約　199, 201, 202
経済的介入と社会的介入　221
経済的自由主義　78, 160, 242
経済の基礎的諸条件（ファンダメンタルズ）　197
経済のサーヴィス化　100
経済の組織化　41
経済のソフト化　100
警察（制度）　187, 193
ケネディ特別教書　114-16, 120, 127
権威主義的国家　171, 251
コーポラティズム　78
ゴールド・ラッシュ　68, 142
広域市場　196, 207, 244
交易条件の悪化　56, 57
公開市場操作（政策）　65, 68, 69, 76, 77, 90
公共投資　92, 95
構造改革　6, 10, 96, 100, 120, 181, 185, 216, 218, 226, 227, 233, 234, 238, 246, 249
高等国際研究院（ジュネーヴ） 48
購買力平価　29, 32
効用の最大化　164, 165, 172
国際共産主義運動　33
国際経済会議　201
国際ケインズ主義　119, 125, 148
国際決済銀行（BIS）　116, 148
国際資本移動　111, 118, 238
国際収支危機　218
国際収支健全化計画　138
国際収支の概念　204
国際収支の均衡回復　105, 107, 118, 119, 127
国際収支の不均衡の常態化　111
国際準備資産の創設　127, 139
国際政治哲学アカデミー　176, 177
国際通貨制度改革　103, 104, 112, 117-19, 131, 132
国際流動性の不足　117, 118, 140, 148
国際連盟金融委員会　62, 64, 71
国際労働機構（ILO）　33. 39, 40
国有化　216, 219, 241
国有企業の民営化　100, 234
国家管理主義　9
国家機能の変容　247
国家社会主義　160

国家信用評議会　235, 237
固定相場制　96, 147, 211, 250
雇用・労働関係のフレキシブル化　251

さ　行

財務省資金局（権限の範囲）　5
財政インフレ　107
財政規律　248, 250
最大効用　165, 172, 193, 244
再定義された自由主義　80, 166
最低金利制度　236
最低賃金　36
サイバネティックス　14
裁量的な政策　99, 198
産業のサーヴィス化　247
三国通貨協定　76
G10　117, 127, 129, 131, 132, 136, 137, 139, 141
CRU（集合準備単位）　132, 139
ジェノヴァ会議　63, 66
シカゴ学派　180
市場経済の管理　20
市場原理（万能）主義　viii, 180, 247
自然失業　34
失業委員会（ILO）　39
失業保険制度　33, 36, 37, 40, 41, 69
シティ（ロンドン）　64
社会化　174
社会主義（者）　33, 159, 172, 173, 226, 243, 247
社会正義　232
社会対話　172, 174
社会的市場経済　xii, 153, 181, 248, 250
社会的利益と社会的費用　170
社会平和　95, 185, 193, 244, 250
ジャングルの自由　247
自由為替制度　75
自由主義刷新国際研究センター　166, 174, 180, 193, 225
自由主義的介入　viii, 168, 171, 244, 246
自由主義のアジェンダ　163, 172, 178, 180
自由主義の再定義　viii, 155, 180
自由主義の終焉（死）　vi, 78
自由主義の本質　172, 193, 244
自由主義マニフェスト　178
修正金本位制　66
集積　161
自由貿易圏　203, 205, 206, 213
自由放任主義　159, 173
重力があるなかで飛行機を飛ばすための技術　23, 81, 246
収斂　198, 249
循環性の失業　34
準公的金融機関　219, 233, 236
消費性向　86, 93
情報開発　233
情報公開　170

情報通信技術　247
所得政策　137
所有権（定義）　187
自律的国民国家　247
新実証主義　7
新自由主義（ネオリベラリズム。定義）　vii, viii, 163, 165, 166, 179-81
新自由主義綱領　163
真正インフレ　184, 244
真正な借入れ手続き　170
人民戦線（政府，政権）　5, 6, 75, 76, 78, 79, 83, 91, 167
数量割当制度　203, 204
スタグフレーション　96, 100, 247, 249
ストップ・アンド・ゴー（政策）　96, 185, 217
スワップ協定（操作）　116, 124, 127
セーフガード　210
西欧文明の没落（危機）　vi, 133, 135
成長　84, 95, 99, 118, 119, 185, 194, 216, 248-51
成長政策　216
成長論　185, 249
制度市場　207-10, 212, 214
世界経済会議　73
世界の金融センター　69, 70
専門金融機関　236, 238
総需要政策　185
双務為替清算制度　190
組織化された信用システム　237
組織経済　54, 55, 58, 59, 242, 243
組織労働者　75, 80, 243

た・な　行

第一次石油危機　96, 98
対外均衡と対内均衡　65
ダイナミックな社会　194
縦割り行政の廃止　233, 249
単一市場　211, 250
単一通貨（制度，圏）　211, 250, 252
団体協約制度　169
地域統合構想　196
秩序（定義）　186
嫡出の通貨と非嫡出の通貨　93, 94
中央銀行間協力　66, 162
中央銀行市場　236, 237
中央銀行通貨　219
中期流動化信用（手形）　219, 236
調整（定義）　14-16
賃金不変仮説　24
通貨正統主義　66, 75
通貨の安定と物価の安定　65
通貨の交換性回復　108, 112, 123, 217, 235
通貨の乗数的発行　109, 110
低金利政策　69
手持ち現金　87-90
デュッセルドルフ綱領　180,

181
ドーズ案　47, 52
投資の「予算化」　219
独占（体）　161, 173
富の科学（としての経済学）　192-94, 244
富の再配分　56, 232
トランスファー（問題，論争，論）　30, 47-54, 57-59, 80, 105, 108, 120, 204, 243
トランスファーの組織化　49, 53
ドル・ギャップ（不足）　104-07, 121
ドル危機　115, 116, 120, 124, 133, 138, 144, 145, 246
ドルの過剰　99, 235
ドルの救済　127, 137, 148
ドルの切下げ　135, 141
ドル・バランス　64, 110, 114, 123

ナポレオン法典　187
日本工業倶楽部　5
ニューディール　78
ネオケインジアン　151

は　行

配給制度　190, 191
発展のなかの安定　234
パリ講和会議　vi, 17-19
パリ条約（ECSC）　197, 208
バンコール　vi, 140
ヒトラーが発明した経済体制　92, 93
ビナイン・ネグレクト政策　146
ピネー／リュエフ報告(リュエフ・プラン）　217, 221, 226-28
ファシスト政権　55
ファシズム　vi, 75, 159, 160, 202, 243, 247
フィリップス曲線　44
不完全雇用　84, 86, 91, 198, 244
福祉国家　247
不戦条約　201
物価統制　190, 191
フライブルク学派　171, 176
フランの安定化（1928 年）　5, 6, 56, 61
フランの切下げ　56, 75, 222, 243
プラン（定義）　186
フランス・キリスト教労働者同盟（CFTC）　228, 229
フランス銀行の市場介入方式　238
フランス銀行の定款改正　238
フランスの奇跡　121
ブリアン／ケロッグ条約（不戦条約）　201
ブレトンウッズ固定相場制　96, 211
ブレトンウッズ体制（会議, 協定）　9, 99, 147
ブロック経済　106

プロメテウス型社会　229-31, 251
平衡関税論　205
変動相場制　118, 146-48, 192, 211, 238, 247
法的介入　159
ポピュリズム　252
ポワンカレ・フラン　67
ポンドの金本位制離脱　71
ポンド・バランス　64, 135, 136

ま　行

マーシャル援助　106
マーシャル協会　43
マーストリヒト条約　252
マクミラン委員会　65, 81
マクロ経済の管理技術　251
マネタリズム　90, 101, 247
マルクス主義　160
マルクの安定化　105
マンチェスター派　157, 159, 180, 208
見えざる手　122, 151, 244, 251
ミクロ経済理論　31
ミクロ・レベルの調整　58, 151, 204, 242
ミュゼ・ソシアル　167
モンペルラン協会　8, 97, 175-80, 185

や　行

ユークリッド的，非ユークリッド的　23, 24, 31, 92
ユーロ圏　250, 252
ユーロ・ダラー（カレンシー）　124, 144, 238
有効需要　91, 92, 243
有効需要創出政策　244
誘導的諸措置　232
輸出の自然の水準　53, 54, 57, 58
輸入割当制度　120
弱い通貨　95, 248

ら　行

利益代表制度　206
リスボン条約　181
リップマン・シンポジウム　viii, 157-59, 175, 176, 180, 181, 198, 209, 243, 244
流動性選好　243
流動性のジレンマ　111, 112
（国際）流動性の不足　117, 118, 123, 130, 134, 140, 143, 148
リュエフ／アルマン委員会（報告）　229
リュエフ委員会　218, 220, 223, 234
リュエフ・トリフィンのジレンマ　112

リュエフの法則　42
ルシャトリエの法則　30
レジスタンス運動　84, 216
レッセ・フェール，レッセ・パッセ　211
連邦公開市場取引委員会　136
連邦準備制度　114-16, 123, 129, 131, 136, 148
ローザ・ボンド　116, 127, 128
ローマ条約　196, 197, 200, 206-08, 217
労働協約　40, 188
労働組合の権力の制限　177
労働総同盟—労働の力（CGT-FO）　228
ロンドン・バランス　72
論理実証主義　7